이미 구원받았다는 착각

KB191849

이미 구원받았다는 착각

발행일	2021년 9월 3일

지은이	이병하		
펴낸이	손형국		
펴낸곳	(주)북랩		
편집인	선일영	편집	정두철, 배진용, 김현아, 박준, 장하영
디자인	이현수, 한수희, 김윤주, 허지혜	제작	박기성, 황동현, 구성우, 권태련
마케팅	김회란, 박진관		
출판등록	2004. 12. 1(제2012-000051호)		
주소	서울특별시 금천구 가산디지털 1로 168, 우림라이온스밸리 B동 B113~114호, C동 B101호		
홈페이지	www.book.co.kr		
전화번호	(02)2026-5777	팩스	(02)2026-5747

ISBN	979-11-6539-939-9 03230 (종이책)	979-11-6539-940-5 05230 (전자책)

잘못된 책은 구입한 곳에서 교환해드립니다.
이 책은 저작권법에 따라 보호받는 저작물이므로 무단 전재와 복제를 금합니다.

(주)북랩 성공출판의 파트너

북랩 홈페이지와 패밀리 사이트에서 다양한 출판 솔루션을 만나 보세요!

홈페이지 book.co.kr • **블로그** blog.naver.com/essaybook • **출판문의** book@book.co.kr

---

작가 연락처 문의 ▶ ask.book.co.kr

작가의 연락처는 개인정보이므로 북랩에서 알려드릴 수가 없습니다.

본 서는 『구원에 관한 오해와 진실』의 내용을 수정·보완하여 개정판으로 발간되었습니다.

이병하 지음

개정증보판

구원에 관한
오해와 진실

이미
구원받았다는
착각

그리스도인이 반드시 알아야 할
성경중심의 구원론

북랩 book Lab

머리말

(딤전 2:4) "하나님은 모든 사람이 구원을 받으며 진리를 아는
데 이르기를 원하시느니라"

한글 성경에서 구약과 신약을 통틀어 총 531회나 등장할 만큼 성경이 매우 비중 있게 다루는 단어가 있다. 총 1,189장으로 구성된 성경에서 평균으로 치면 2장에 한 번꼴로 등장하고 있는 이 단어는 다름 아닌 "구원(救援)"이다. 디모데전서 2장 4절에는 하나님께서 모든 사람이 구원받기를 원하신다고 기록되어 있다. 예수라는 이름의 의미도 바로 구원이요, 성경은 세상 사람들의 구원을 위한 책이라고 할 수 있다. 예수님을 믿는 것과 성경을 배우는 것의 핵심 목표가 바로 구원인 것이다. 이것이 바로 성경이 구원을 그렇게 중요하게 다루는 이유이다.

한국에 파송되었던 한 외국 선교사의 증언에 의하면 40~50년 전까지만 하더라도 한국에서는 구원이라는 단어조차 낯설었다고 한다. 그런데 지금은 "당신은 구원받았습니까?" 혹은 "당신은 거듭났습니까?"라고 쓰인 팻말을 어디서나 쉽게 볼 수 있을 정도로 교회마다 구원에 대하여 외치고 있다.

이렇게 구원에 대하여 말하는 사람들이 많아졌지만 그럼에도 불구하고 여전히 구원의 정확한 의미도 모르거나 구원에 대하여 그릇된 지식을 가지고 있는 이들도 많은 것 같다. 그리고 구원에 이르기 위한 필수 조건인 믿음에 대해서도 역시 많은 오해가 있는 것 같다. 또 구원받을 사람이 이미 예정되어 있다는 '예정론'과 그 반대 의견인 '자유의지론'과 관련하여 어느 것이 성경적인지 확신이 없는 사람들도 많고 심지어 관심조차 없는 기독교인들도 허다하다. 사실, 예정론과 자유의지론은 각각 한 번 거듭나면 결코 다시 잃어지지 않느냐 아니면 잃어질 수 있느냐 하는 문제와 직결되어 있기 때문에 거듭난 사람이라면 반드시 짚고 넘어가야 할 중요한 사안이다.

또한 어떤 이들은 구원받는 방법과 구원받은 후의 잃어짐의 여부가 시대에 따라 또는 경우에 따라 달라진다고 주장하기도 한다. 예를 들면, 구약 시대에는 구원을 받았어도 다시 잃어질 수 있었고 신약 시대에는 그렇지 않다고 하며 또 바울과 같은 사람은 예외적으로 선택받아 구원을 받은 경우라고 주장하는 것이다. 이와 같은 주장들이 구원의 일관성과 신뢰성을 크게 훼손시키고 있다. 이로 인해 많은 영혼들이 자신들의 구원의 문제에서 혼란과 고통을 겪기도 한다.

한편으로는 '예수님만 잘 믿으면 된다'라는 단순한 생각으로 살고 있는 사람들도 많은 것 같다. 또한 소속된 교회의 가르침에 절대적으로 순종하는 것을 미덕으로 여기는 나머지 교리적인 문제는 모두 목사들에게 맡겨 버리고 그들의 가르침에 오직 "아멘 아멘" 하면서 사는 이들도 많은 것 같다. 이러한 모습들을 보며 개인적으로 안타까움을 느낀 적이 많았다.

구원에 관한 문제는 결코 대충 넘어갈 문제가 아니다. 오히려 베뢰아 사람들처럼(행 17:11) 간절한 마음으로 자세히 살펴보고 한 번이라도 더 확인해 보아야 한다. 육신의 병은 자신이 잘 알지 못한다 해도 자기보다 더 잘 알고 있는 의사에게 맡겨 버리면 더 잘 해결될 수도 있다. 그러나 영혼의 문제는 하나님 앞에서 각자 스스로 해결해야 하는 문제이기 때문에 다른 사람이 나를 도와줄 수는 있어도 결코 나를 대신할 수는 없다. 구원의 문제를 등한히 여기는 것은 곧 자신의 영혼의 문제를 등한히 여기는 것이며 자신의 구원 여부를 타인에게 맡기는 것은 자신의 영원한 생명을 타인에게 맡겨 버리는 것과 다름없다. 따라서 자신의 구원에 관한 문제만큼은 특정 교파의 교리나 특정인의 가르침에 일방적으로 맡길 것이 아니라 성경을 통하여 직접 확인하고 또 성경을 통해서 확신을 가져야 한다.

이 책은 바로 이러한 목적으로 쓰여졌고 그래서 수많은 성경구절들이 인용되어 있다. 성경 구절들을 유리한 부분만을 취하여 아전인수식으로 해석하려 한다는 오해를 사지 않기 위해 노력했다. 또 성경이 일관되게 가르치고 있는 진리를 체계적으로 정리함으로써 구원에 관한 오해나 착각을 불식시키고 독자들이 올바른 지식에 이를 수 있도록 더욱 애를 썼다. 아무쪼록 구원에 관한 올바른 지식을 필요로 하는 분들에게 이 작은 책자가 조금이라도 도움이 될 수 있기를 간절히 바라는 바이다.

참고로, 본서에 인용된 성경구절은 모두 개역한글 성경에서 가져왔는데 이는 개정개역을 고의로 무시하려거나 개역한글을 특별하게 고집하려는 것이 아니라 단지 본인이 개역한글 성경에 더 익숙하기 때문일 뿐임을 아울러 밝혀둔다.

끝으로 늘 곁에서 든든한 후원자이자 믿음의 동역자가 되어주고 또 응원과 기도로써 본서가 세상에 나올 수 있도록 도와준 아내 향숙과 딸 시은에게 감사한다. 아울러 "구원에 관한 오해와 진실"의 개정판인 본서가 더 나은 모습으로 잘 출간될 수 있도록 애써주신 북랩의 김회란 본부장님과 직원분들께 감사의 말씀을 드린다.

2021. 7. 31.

이병하

"예수께서 가라사대 너희가 성경도
하나님의 능력도 알지 못하므로 오해함이 아니냐"

(막 12:24)

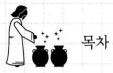 목차

3장
거듭난 후 다시 잃어질 수 있는가?

4장
생길 수 있는 질문들

7장
구원에 관한 다른 오해들

1장
★
구원받기 위한
조건
★

죄사함으로 말미암는 구원
구원받기 위한 인간의 책임
하나님을 기쁘시게 할 수 없는 믿음
4영리와 영접 기도의 위험성
거듭나기 위해 필요한 회개

"주의 백성에게
그 죄사함으로 말미암는 구원을 알게 하리니"
(눅 1:77)

죄사함으로 말미암는 구원

구원(救援, Salvation)이란 먼저 사전적인 의미로 살펴보자면 "스스로의 힘으로는 빠져나올 수 없는 절박하고 위급한 상황에서 제3자의 의지와 능력으로 안전한 장소나 상태로의 건져 냄"을 의미한다. 성경에서도 구원이란 단어는 이와 같이 일반 명사로 사용되어 때로는 적들의 위협으로부터의 건져 냄(왕하 16:7)을 의미하기도 하고 때로는 중병으로부터의 치유(막 5:34)를 의미하기도 한다.

그러나 신학적인 의미에서 일반적으로 구원이라고 하면 인간이 죄인으로서 장차 당하게 될 지옥의 형벌로부터 건짐을 받아 영원한 생명을 얻는 것을 말한다. 이를 위하여 하나님의 아들이신 예수 그리스도께서 친히 인간이 되어 죄인들을 대신하여 십자가에서 피 흘리고 돌아가심으로써 죗값을 치르셨고 그 결과로 온 세상 사람들의 죄가 모두 사해졌다. (요 1:29, 딤전 1:15, 요일 2:2) 그리고 예수님께서 단번에 이루신 이 죄사함은 인간의 미래의 죄까지 포함한 영원한 속죄이다. (히 9:12, 10:12, 14)

구원은 바로 이 죄사함으로 말미암는다. (눅 1:77) 그러나 죄사함 자체가 구원의 완성을 의미하는 것은 아니다. 죄사함은 이미 예수님에 의하여 완료되었지만 이 죄사함만으로는 모든 죄인이 지옥의 형벌로부터 자동적으로 건져진 것이 아니기 때문이다. 하나님의 전체적인 구원의 계획 속에는 예수님께서 이루신 죄사함에 대한 인간들의 합당한 반응인 믿음을 포함시키고 있다는 것을 알아야 한다. 이 점에 대하여 더 구체적으로 살펴보자.

구원받기 위한 인간의 책임

위기에 처해 있는 사람을 아무리 건져 주려고 애를 쓴다 하더라도 건짐을 받아야 할 사람이 도움의 손길을 무시하거나 거부하면 건짐을 받을 수 없다. 구원에 있어서도 마찬가지이다. 하나님께서 모든 사람들을 구원하시길 원하신다는 것은 분명한 사실이지만 만일 죄인인 사람이 하나님의 구원을 거부한다면 그 죄인은 구원받을 수 없다. 죄사함은 예수님의 피와 죽음으로 이미 완성되었지만 이 죄사함이 각자에게 유효해지기 위해서는 믿음으로 올바르게 반응해야 할 책임 역시 각자에게 있다. 아무리 악한 죄인이라 하더라도 영원한 속죄를 이루신 유일한 구원자이신 예수님을 믿으면 구원받게 되지만(요 3:16, 행 16:31, 엡 2:8) 아무리 선한 사람이라 하더라도 마음을 강퍅케 하여 이 큰 사랑을 베푸신 예수님을 믿지 않고 부인한다면 구원받을 수 없다. (막 16:16)

또 예수님을 믿는다고 하면서도 자신의 선한 행위로 혹은 율법을 지켜서 구원을 얻으려는 사람들도 많은데 이들 역시 구원받을 수 없다. 구원에 이르기 위해 각자의 선한 행위가 필요하다면 이는 예수님의 십자가의 사역을 부족한 것으로 여기는 처사이며 예수님을 온전히 신뢰하지 않고 있다는 반증이기 때문이다. 선한 행위나 율법의 행위로 의롭다 함을 받을 사람은 이 세상에 아주 없다. (전

7:20, 롬 3:10, 20) 율법 아래 있는 자는 저주 아래 있는 자며 오직 믿음으로만 의롭다 함을 받을 수 있다. (갈 2:16, 3:10) 자기의 선한 행위로 천국에 갈 수 있다면 그는 이미 구원이나 구원자가 필요 없는 하나의 종교인에 불과하다.

결론적으로 죄인인 인간이 구원에 이르기 위해서는 하나님의 사랑에 대한 올바른 반응이 필요한데 그것은 각자의 선한 행위가 아니라 오직 예수님을 자신의 구원자이자 주님으로 받아들이고 그분께 자기 영혼을 맡기는 올바른 믿음이다.

하나님을 기쁘시게 할 수 없는 믿음

믿음은 거듭남에 있어 필수적인 요소이기 때문에 믿음 자체에 대한 올바른 이해 역시 매우 중요하다. 그런데 아직도 많은 사람들이 믿음의 본질이나 믿음의 대상에 대하여 오해를 하고 있으면서도 그 사실을 깨닫지 못하고 있다는 것은 참으로 안타까운 일이다. 교회 출석이든 기도든 뭐든 열심히 하려고만 하는 종교적 열정이 믿음인 줄로 오해하는 사람도 많고 또 깨달음과 믿음을 구분하지 못한 채, 깨달음 자체를 구원에 이르는 믿음으로 여기는 사람도 많다.

캐나다의 회중교회(People's church)의 고(故) 오스왈드 스미스(Oswald J. Smith) 목사는 이와 같은 문제를 나름대로 해결하기 위해 복음 설교를 할 때마다 한두 시간은 별도로 할애하여 "올바른 믿음"에 대해서 꼭 설명을 덧붙였다고 한다. 믿음에 대한 오해로 인하여 파생되는 많은 교리적 그리고 신앙적 오류들을 보면서 스미스 목사의 심정을 충분히 이해하게 되었고 개인적으로 믿음에 관한 그의 견해를 지지하는 바이다.

신을 찾고자 하는 욕구와 절대자에게 기대고자 하는 욕구는 시대와 지역 그리고 종교와 문화를 초월하여 모든 사람에게 내재된 인간의 본성 중 하나이다. 하나님께서는 모든 사람의 마음속에 신을 찾는 마음을 두셨기 때문이다. (롬 1:19) 이처럼 인간의 마음속에 기본적으로 존재하는 종교심이 외부로 표현되었다고 해서 그것을 모두 믿음이라고 할 수는 없다. 종교심과 하나님께서 요구하시는 믿음은 많이 다르기 때문이다.

한국의 기독교 역사는 매우 짧았지만 전파 속도는 매우 빠른 편이었다. 그리고 오늘날에는 100년 전까지만 해도 이름도 낯설었던 예수를 열심으로 믿는 사람들이 넘쳐나고 있다. 하지만 그들의 믿음의 실체를 보면 숭배의 대상이 하나님 혹은 예수님으로 이름만 바뀌었을 뿐, 그전에 유교나 불교를 통해서 보여 주었던 조상들의 신앙과 별반 다를 게 없어 보인다. 예를 들면 불경을 외우거나 염불하는 대신 주기도문이나 사도신경을 외우고 절에 시주하는 대신 교회에 헌금을 하고 어려움이 닥치면 새벽에 일어나 조상이나 부처에게 비는 대신 새벽 기도를 통해 예수의 이름으로 하나님께 빈다. 조상이나 부처 대신 예수라는 이름으로 열심히 그리고 꾸준히 빌고 믿기만 하면 하나님께서 그 믿음을 인정해 주실까?

오늘날 지구상의 사람들 중 삼 분의 일이 예수를 믿는 기독교인이라고 한다. 어떤 이들은 기독교인 가정에서 태어나 자연스럽게 기독교인이 되기도 하고 또 어떤 이들은 가까운 지인의 권유에 의해 기독교인이 되기도 한다. 또 어떤 이들은 절대자를 의지함으로써 정서적인 혹은 환경적인 불안함을 해결해 보고자 자발적으로 기독교인이 되기도 한다. 이러한 사람들이 교회를 출석하는 과정 중에 하나님과 예수님에 대하여 잘 배워 가면서 진리를 깨닫고 진정한 그리스도인으로 거듭난다면 정말 다행스럽겠지만 현실은 그렇지 못한 것 같다. 한때는 뜨거운 열정으로 교회에 출석하다가도 열정이 식으면서 하나의 습관적인 종교 행위로 변하게 되는 경우가 허다하다.

이와 같은 자기의 필요를 채우기 위한 종교적인 관습이나 열심은 결코 진정한 믿음이라고 볼 수 없다. 이러한 종교화된 관습과 열심은 심지어 하나님의 선민(選民)이었던 이스라엘 민족들에게서도 발견되는데 하나님께서는 그들의 지식이 없는 종교적 관습이나 열심을 수도 없이 경고하셨다.

> (사 1:12) "너희가 내 앞에 보이러 오니 그것을 누가 너희에게 요구하였느뇨 내 마당만 밟을 뿐이니라"

> (호 6:6) "나는 인애를 원하고 제사를 원치 아니하며 번제보다 하나님을 아는 것을 원하노라"

> (롬 10:2) "내가 증거하노니 저희가 하나님께 열심이 있으나 지식을 좇은 것이 아니라"

아담의 아들, 가인의 제사를 기억하는가? 하나님께 대한 그의 열정은 대단하였다. 그러나 그의 열정은 지식에 근거한 것이 아니었다. 하나님께서 원하시는 것과는 상관없이 자기의 열심으로 하나님께 제사를 드렸다. 하나님의 뜻과 상관이 없었던 그의 제사는 거부될 수밖에 없었다. 그가 하나님의 존재를 믿지 않아서도 아니고 진심이 없었거나 열심이 부족해서도 아니었다. 오직 하나님의 뜻을 올바로 알지 못한 것이 문제였다. 반대로 아벨은 하나님의 뜻대로 제사를 드렸고 이것이 그의 믿음으로 여겨졌으며 그의 제사는 열납되었다. (히 11:4)

인간관계에 있어서도 잘 알지 못하는 사람은 신뢰의 대상 혹은 사랑의 대상이 될 수 없다. 믿고 사랑하기 위해서는 상대에 대한 올바른 이해가 필수적이다. 사랑의 관계를 원하시는 하나님께서는 바로 이와 같은 지식에 근거한 진정한 신뢰 곧 믿음을 원하시는 것이다. 하나님과 예수님에 대한 올바른 지식 없이 무조건 열심으로만 믿는 것은 세상의 많은 다른 종교와 다를 바가 없다. 믿음의 대상에 대한 지식의 기초도 없이 "주여 주여" 하면서 하나님과 예수님을 복을 베푸시는 분 정도로만 여기며 무작정 믿는 사람들이나, 하나님을 사람의 수준으로 생각하여 자기들의 죄에 대하여 관대한 채 열심으로만 믿는 사람들은 그들의 허황된 기대와는 달리 결국 하나님의 준엄한 심판을 결코 피하지 못할 것이다.

4영리(四靈理)와 영접 기도의 위험성

이미 언급했듯이 과거와는 달리 오늘날에는 한국의 기독교계에도 구원이라는 말을 어디서나 어렵지 않게 들을 수 있게 되었다. 최근에는 이른바 "4영리"라 불리는 4가지의 영적 교리를 이용하여 구원을 설명하고 전도를 하는 것이 많이 보편화되어 있는 것 같다.

4영리를 간단히 요약하면 다음과 같다. "1) 하나님께서는 인간을 사랑의 대상으로 창조하셨다. 2) 인간의 죄 때문에 하나님으로부터 멀어져 영혼이 죽게 되었다. 3) 예수님께서 십자가에서 인간의 모든 죄를 사하였다. 4) 누구든지 예수님을 구주로 영접하면 구원받는다." 때로는 간단한 그림으로 설명된 4영리 전도지를 이용하여 성경을 전혀 모르는 사람들에게도 구원을 아주 쉽게 설명해 주기도 한다. 그리고 4영리와 함께 "영접 기도"를 가르쳐 준다. "구원 기도"라고도 불리는 이 영접 기도의 주요 내용은 자신이 죄인임을 인정하며 예수님을 주님으로 영접하겠다는 고백이다. 그래서 요즘에 구원받는 방법이 매우 쉽고 간단해졌다. 피전도자에게 4영리를 간단히 설명해 주고 영접 기도를 따라 하도록 하면 구원받았노라고 인정해 준다. 그래서 소위 "5분 구원"이라는 말도 생겨났다. 정말 이러한 방법으로 구원받을 수 있는 것일까? 아무것도 모르는 사람이 과연 5분 만에 거듭남에 이를 수 있을까?

거듭나기 위해 반드시 오랜 기간이 필요한 것은 아니지만 그렇다고 거듭나는 것이 길거리의 약장사에게 혹하여 산 싸구려 약이 짧은 시간에 만병통치의 효과가 나타나듯 요행으로 얻어지는 것은 결코 아니다. 간절한 마음으로 찾아야 하나님을 만날 수 있다고 하신 말씀을 기억하여 보라.

(렘 29:13) "너희가 전심으로 나를 찾고 찾으면 나를 만나리라"

또한 요한복음 1장 12절을 오해하여 누구든지 예수님을 영접하고 입으로 시인하기만 하면 거듭난다고 믿는다. 정말 그럴까? 이어지는 요한복음 1장 13절에는 예수님에 대한 영접의 진위를 알 수 있는 조건들이 있음을 잊지 말아야 한다.

(요 1:12-13) "영접하는 자 곧 그 이름을 믿는 자들에게는 하나님의 자녀가 되는 권세를 주셨으니 이는 혈통으로나 육정으로나 사람의 뜻으로 나지 아니하고 오직 하나님께로서 난 자들이니라"

4영리는 그야말로 구원과 관련된 성경의 핵심 교리임에 틀림없다. 또 거듭나기 위해서는 예수님을 주님으로 영접하는 것은 필수이다. 그러나 여기에는 진정한 거듭남을 위해 반드시 선행되어야 하는 아주 중요한 요소가 빠져 있다. 그것은 다름 아닌 하나님에 대한 지식과 그 결과로 이르게 되는 "회개"이다.

19세기에 영국에서 활동했던 구세군의 창시자이자 복음주의 전도자인 윌리엄 부스(William Booth)는 "다음 세기에 기독교가 당면하게 될 주된 위험 요소는 성령이 없는 종교, 예수가 없는 기독교, 회개가 없는 죄사함, 회심이 없는 구원, 하나님이 없는 정치 그리고 지옥이 없는 천국이 될 것이다"라고 말한 적이 있다. 불행하게도 오늘날 이 말은 현실이 되고 말았다. 4영리와 영접 기도만을 통해 간단하게 거듭날 수 있다는 것은 하나님의 뜻이라고 보기 어렵다. 4영리를 배우기 전에 하나님에 대하여 배워야 한다. 영접 기도에 앞서 진정한 회개가 있어야 한다.

거듭나기 위해 필요한 회개

먼저 거듭나기 위해 필요한 회개(悔改, repentance)와 관련한 대표적인 오해, 두 가지를 소개하고자 한다.

회개에 대한 첫 번째 오해는 "지은 죄에 대한 반성과 고백"이라는 것이다. 많은 사람들은 회개라고 하면 "자기 잘못에 대한 스스로의 반성과 함께 자기 죄를 하나님께 고백하는 것"이라고 생각하는 것 같다. 그러나 죄인이 거듭나기 위해 해야 하는 회개는 지은 죄에 대한 단순한 반성도 아니고 죄인이라는 사실에 대한 밋밋한 인정도 아니다. 사형 선고를 받은 죄인이 재판장 앞에서 살려 달라고 비는 것과 아들이 아버지에게 잘못을 반성하고 용서를 비는 것은 전혀 다르다. 재판장 앞의 죄인은 삶과 죽음의 문제로 상한 심령으로 호소하는 것이고 아버지 앞의 아들은 원만한 관계를 회복하기 위한 반성이라고 할 수 있다. 만일 회개가 하나님께 자기 잘못에 대한 단순한 고백이나 반성이라면 그것은 거듭난 이후에 지속되어야 하는 자녀로서의 회개에 더 가깝다고 할 수 있다. 이는 죄인으로서 살기 위한 회개 즉, 거듭나기 위해 해야 하는 회개와는 차이가 있다.

회개에 대한 두 번째의 대표적인 오해는 소위 "유턴(U turn)"이다. 회개는 "돌이키는 것"이라는 오해이다. 다시 말하면 행동으로 회개를 보여야 한다고 오해하는 것이다. 죄인으로서 거듭나기 위해 행동으로 보여야 하는 것이 뭐가 있을까? 아무것도 없다. 죄인은 스스로 돌이킬 여유도, 능력도 없다. (롬 3:10-12) 그래서 성령의 도움이 절대적으로 필요한 것이다. 회개는 돌이킴이라는 행동이 결코 아니다. 회개의 결과로 행동의 변화가 따라올 수는 있지만 행동의 변화 자체를 회개라고 할 수는 없다.

그렇다면 거듭나기 위한 죄인으로서의 진정한 회개란 어떤 것일까? 사형 선고를 받은 죄인으로서 재판장이자 구원자이신 하나님을 향한 살려 달라는 간절한 외침이자 그 마음 자체이다. 지옥의 형벌을 피하기 위해 스스로 할 수 있는 것이 아무것도 없음을 깨닫고 자신의 비참한 처지를 하나님께 호소하는 것이다. 구원받길 바라는 마음으로부터 나오는 간절한 부르짖음인 것이다. (예: 눅 18:13, 23:42)

하나님께서는 아무도 멸망치 않고 회개에 이르기를 원하시며(벧후 3:9) 진정한 회개를 통해서만 진정한 구원에 이를 수 있다. (막 1:15, 행 20:21, 고후 7:10) 그런데 인간에게는 스스로 회개에 이를 수 있는 능력이나 의지가 없음을 아시고(롬 3:10-12) 하나님께서는 인간이 회개에 이를 수 있도록 성령을 이 땅에 보내셨다. (롬 2:4) 성령께서는 말씀을 통하여 죄에 대하여 의에 대하여 심판에 대하여 일깨우신다. (요 16:8) 성경에 기록된 많은 심판의 역사와 하나님의 법을 통해 하나님은 무서운 공의의 재판장이심을 알게 되고(시 7:11) 또 재판장 앞에서 지옥 형벌을 받게 될 자신의 모습을 깨닫게 된다. (계 20:12-15) 이처럼 자신의 운명을 깨닫게 되면 하나님께 저절로 부르짖지 않을 수 없게 된다. 하나님께서는 상한 심령과 부르짖는 자의 부르짖음을 들으시고 구원하신다고 약속하셨다. (시 51:17, 145:19) 이와 같이 하나님에 대한 올바른 지식을 통해 이르게 되는 진정한 회개가 없는, 입으로만 시인하는 영접식 구원은 가짜일 수 있다. 하나님에 대한 올바른 지식이 없이는 하나님께 대한 올바른 회개가 있을 수 없고 올바른 회개가 없이는 올바른 거듭남도 있을 수 없다.

그렇다면 진정한 회개에 이를 수 있을 만큼 하나님에 대한 올바른 지식을 가졌는지는 어떻게 알 수 있을까? 베드로와 관련된 한 일화를 통해서 그 힌트를 찾아보자.

베드로가 예수님을 처음 만났을 때의 일이다. 베드로와 그의 동료들은 밤새도록 고기를 한 마리도 잡지 못한 상태였고 예수님께서는 바닷가에서 설교를 하시고 계셨다. 예수님께서는 설교를 마치시고 베드로에게 그물을 깊은 데로 던지라고 하셨고 베드로는 그의 말씀에 순종했다. 그 결과 그는 그물이 찢어질 정도의 많은 물고기를 잡을 수 있었다. (눅 5:1~6)

이와 같은 예수님의 말씀의 능력을 발견한 베드로는 어떤 반응을 보였을까? 그는 예수님께서 보통 사람이 아닌 신적인 분이라는 것을 깨달았다. 그 앞에서 그는 두려워졌다. (눅 5:10) 그리고 그는 누가 물어보지도 않았는데도 자신의 죄인 됨을 스스로 고했다.

(눅 5:8) "시몬 베드로가 이를 보고 예수의 무릎 아래 엎드려

가로되 주여 나를 떠나소서 나는 죄인이로소이다 하니"

두려움. 이것이 하나님에 대한 지식을 올바로 갖게 되었을 때 자연스럽게 느끼게 되는 감정이다. 재판장이신 하나님께 대한 경외 즉, 두려움에 이를 수 있도록 성경 속에는 수없이 많은 심판의 사건들이 기록되어 있다. 아담에 대한 심판, 노아 시대의 물 심판, 소돔과 고모라의 심판, 바로와 애굽에 대한 심판, 이교도들에 대한 심판, 이스라엘에 대한 심판 그리고 요한계시록에 예언된 마지막 심판 등. 그리고 인간으로서 결코 다다를 수 없는 하나님의 거룩한 율법을 통해 이 세상의 어떠한 사람이라도 하나님의 심판을 피할 수 없다는 것을 가르쳐 주고 있다. 이 모든 것들이 우리가 하나님을 올바로 알 수 있도록 그리고 올바른 회개에 이를 수 있도록 우리를 위하여 기록된 것이다. 이와 같이 성경을 통해 이르게 되는 진정한 회개(눅 16:30-31)는 자기 잘못에 대한 단순한 반성이나 고백과 같은 회개와는 큰 차이가 있음을 알 수 있다.

여호와를 경외하는 것이 지식의 근본(beginning) 즉, 지식의 시작이라고 성경은 말하고 있다.(잠 1:7) 여호와를 경외하는 것은 오직 그분에 대한 올바른 지식을 습득했을 때 이를 수 있는 감정이며 이러한 여호와에 대한 경외함이 없이는 진정한 회개에 이를 수도 없다.

그리고 여호와를 경외하는 자만이 구원받을 수 있다고 성경은 분명히 말하고 있다.

정리하자면 하나님에 대한 올바른 지식이 있어야 자신이 감히 하나님께 나아갈 수 없는 절망적인 죄인이라는 것을 깨닫게 되고 또 비로소 하나님을 진정으로 두려워하게 되며 자연스럽게 회개에 이르게 된다. 그러고 난 후, 죄인들을 구원하기 위하여 하나님께서 인간으로 이 땅에 오신 분이 예수님이라는 사실과 그가 십자가에서 이루신 일들을 올바르게 앎으로써 영원한 속죄를 깨닫게 된다. 그 결과로 예수님을 주님으로 영접하고 믿게 되는 것이다.

자, 이제 오늘날의 많은 유사 그리스도인들을 보라. 하나님을 알게 된 후 시종일관 기뻤다고 하는 사람들이 너무 많다. 좋으시고 복되신 하나님만을 배웠기 때문에 경외함에 대하여 배울 겨를도 두려움을 가질 기회도 없었던 것이다. 거기에다 4영리 혹은 영접기도를 통해서 거듭났다고 한다. 이들은 소경을 통해 잘못 인도되었을 가능성이 큰 것 같다.

진정한 거듭남을 위한 필수 조건인 하나님께 대한 회개 그리고 예수님께 대한 믿음, 이 두 가지가 사도 바울이 전도 여행 중에 부지런히 선포하고 다녔던 복음의 핵심 내용이다.

오늘날 주 예수 그리스도께 대한 믿음을 자랑하거나 외치는 사람은 넘쳐난다. 그러나 하나님께 대한 경외함도 없고 회개도 없다면 그리스도께 대한 믿음은 마치 모래 위에 집을 지어 놓고 예수님께 "주여 주여" 하는 자들과 다를 게 없다. (마 7:21-27) 다시 한번 강조하지만 하나님을 올바로 알지 못하면 올바른 회개에 이를 수 없고 올바른 회개가 없다면 올바른 거듭남도 있을 수 없다.

2장

★

구원에 관한
오해의 시작

깨달음과 믿음

구원하심과 구원받음

처음 믿을 때의 구원과 마지막 날의 구원

단번에 구원, 영원한 구원?

영혼과 몸의 따로따로 구원?

"예수께서 가라사대 너희가 성경도
하나님의 능력도 알지 못하므로 오해함이 아니냐"
(막 12:24)

깨달음과 믿음

지식이 없는 종교적인 열정이나 맹목적인 매달림 따위가 올바른 믿음으로 여겨질 수 없다는 것은 앞서 이미 설명했다. 그런데 하나님에 대한 올바른 지식을 바탕으로 믿고 있다고 하는 사람들 중에서도 믿음의 의미에 대한 또 다른 오해를 하고 있는 사람들이 있다. 믿음이라는 단어의 의미에 대한 오해가 거듭남에 대한 오해로 이어지고 있는 만큼 믿음이라는 단어의 분명한 개념과 믿음의 대상에 대하여 좀 더 정확하게 알아보자. 우선 "믿는다"라는 단어가 두 가지의 서로 다른 의미로 해석될 수 있다는 점을 생각해 보자.

"믿는다"는 말의 첫 번째 의미는 '특정 사실에 대한 지적(知的) 인정(認定)'으로서 이는 미처 몰랐던 사실에 대한 "앎" 혹은 "깨달음"이라고 할 수 있다. 예를 들면, 프러포즈를 받은 한 여성이 프러포즈를 해 온 남성이 능력이 있는 사람이라는 것과 자신을 진심으로 사랑하고 있다는 사실을 믿는다는 것은 이 여성이 그 남성에 대한 지식을 갖게 되었다는 의미이다. 그러나 그것이 반드시 그 남성의 프러포즈를 수용했다는 의미는 아니다.

"믿는다"는 말의 두 번째 의미는 '특정 대상에 대한 신뢰(信賴)와 의탁(依託)'이다. 프러포즈를 받은 여성이 남성에게 "나의 남은 인생을 당신에게 맡기겠다"라고 말했다면(현시대의 결혼에 대한 정서와는 다소 차이가 있을지 모르지만) 이는 곧 프러포즈의 수용을 의미하며 두 사람의 관계의 형성 곧 결혼을 약속하는 것과 같은 의미라고 할 수 있다. 신랑이 능력 있는 남자라는 사실을 아는 것과 신랑을 믿고 결혼을 허락하는 것은 다른 문제이다.

또 하나의 다른 예를 들자면, 천 길 낭떠러지의 깊은 골짜기 앞에서 한 번도 끊어진 적이 없는 튼튼한 구름다리를 통해 이 계곡을 건널 수 있다는 사실을 지식으로 아는 것과, 실제로 이 구름다리를 의지하여 발을 내딛는 것은 서로 다른 문제이다. 구름다리를 건너기 위해서는 먼저 구름다리의 안전성에 대한 충분한 지식을 가지고 있다면 큰 도움이 되겠지만 구름다리가 안전하다는 것을 깨달았다고 해서 모두 구름다리를 건널 수 있는 것은 아니다. 눈에 보이는 시각적 장애물이나 두려움을 극복하고 구름다리에 온전히 자신을 맡길 수 있는 사람만이 건널 수 있을 것이다.

깨달음은 다분히 지적인 영역으로서 두뇌의 수동적인 활동만으로도 가능하다. 그러나 신뢰와 의탁은 반드시 각자의 능동적인 의지(意志)가 필요하며 이 의지는 결국 행동으로 표출되게 되어 있다. 이와 같이 서로 다른 두 가지의 의미에 따라 "믿는다"라는 말은 전혀 다른 의미가 될 수 있다.

그렇다면 거듭나기 위하여 필요한 믿음은 이 둘 중 어떤 것일까? 예수님을 역사적 실존 인물로 인정하며 그분께서 이루신 일을 사실로 아는 것과 그를 의탁의 대상으로 삼겠다는 것은 다른 문제이다. 또 십자가에서 흘리신 피로 나의 모든 죄를 영원히 사하셨다는 것을 사실로서 깨닫는 것과 다시 사신 예수님께 자신의 영혼을 온전히 의탁하는 것은 다른 문제이다. 안타깝게도 많은 사람들이 이 차이를 이해하지 못한 채 예수님을 실존 인물로 인정하게 된 것이나 자신의 죄가 영원히 사해진 사실 즉, 영원한 속죄를 깨닫게 된 것을 구원에 이르는 믿음으로 오해하고 있다.

구원받기 위해 믿어야 할 믿음의 대상은 예수님의 실존성도 아니고 영원한 속죄라는 특정한 사실도 아니다. 진정한 믿음의 대상은 예수님 자체이다. 좀 더 정확하게 말하자면 영원한 속죄를 이루신 유일한 구원자이신 예. 수. 님. 을. 믿는 것이다. 아래의 구절들을 통해 영생을 얻기 위한 믿음의 올바른 대상이 무엇인지 직접 확인해 보라.

> (요 3:16) "하나님이 세상을 이처럼 사랑하사 독생자를 주셨으니 이는 저를 믿는 자마다 멸망치 않고 영생을 얻게 하려 하심이니라"

> (요 6:40) "내 아버지의 뜻은 아들을 보고 믿는 자마다 영생을 얻는 이것이니 마지막 날에 내가 이를 다시 살리리라 하시니라"

> (갈 2:16) "사람이 의롭게 되는 것은 율법의 행위에서 난 것이 아니요 오직 예수 그리스도를 믿음으로 말미암은 줄 아는 고로 우리도 그리스도 예수를 믿나니 이는 우리가 율법의 행위

에서 아니고 그리스도를 믿음으로써 의롭다 함을 얻으려함이
라 율법의 행위로서는 의롭다 함을 얻을 육체가 없느니라"

(딤전 1:16) "그러나 내가 긍휼을 입은 까닭은 예수 그리스도께
서 내게 먼저 일절 오래 참으심을 보이사 후에 주를 믿어 영생
얻는 자들에게 본이 되게 하려 하심이니라"

구원에 이르기 위해서는 예수님의 부활의 사실도 믿어야 하는
이유도 이 때문이다.

(롬 10:9) "네가 만일 네 입으로 예수를 주로 시인하며 또 하나
님께서 그를 죽은 자 가운데서 살리신 것을 네 마음에 믿으
면 구원을 얻으리니"

로마서 5장 10절에서도 "그의 살으심을 인하여 구원을 얻을 것"
이라고 분명히 밝히고 있다. 예수님의 부활이 우리의 구원을 위해
필수적이라는 의미이다.

(롬 5:10) "곧 우리가 원수 되었을 때에 그 아들의 죽으심으로
말미암아 하나님으로 더불어 화목되었은즉 화목된 자로서는
더욱 그의 살으심을 인하여 구원을 얻을 것이니라"

예수님의 죽으심은 죄 문제의 해결 즉, 속죄를 위한 것이며 예수
님의 살으심은 우리의 믿음의 대상(믿음의 주)이 되시기 위해서이다.

만일 예수님께서 부활하지 않으셨다면 믿음의 대상이 없어져 버린 것이며 곧 우리의 믿음도 헛것이 될 것이다.

> (롬 14:9) "이를 위하여 그리스도께서 죽었다가 다시 살으셨으니 곧 죽은 자와 산 자의 주가 되려 하심이니라"

> (고전 15:14) "그리스도께서 만일 다시 살지 못하셨으면 우리의 전파하는 것도 헛것이요 또 너희 믿음도 헛것이며"

예수님의 부활에 대한 신뢰는 거듭나기 위해 믿어야 하는 대상이 단지 "속죄의 사실성"이 아니라 속죄를 이루신 "예수님 자체"라는 것을 다시 한번 입증해 주고 있다. 예수님께서 이루신 영원한 속죄의 사실을 믿는 것은 예수님을 주님으로 영접하고 믿는 데 매우 중요하다. 또한 영원한 속죄를 깨달음과 동시에 자연스럽게 예수님을 영접하는 것도 얼마든지 가능하다고 믿는다. 그러나 예수님에 대한 믿음 즉 주님께 자신의 영혼을 맡기는 전적인 신뢰나 신탁이 없이 영원한 속죄에 관한 사실을 알았다는 것만으로 거듭난다는 것은 있을 수 없는 일이다.

거듭나기 위해 결정적으로 필요한 믿음은 예수님께서 직접 본을 보이신 것처럼 유일한 구원자이신 예수님께 나의 영혼을 전적으로 맡기고 의지하는 것이다. 이것이 바로 믿음의 핵심이자 본질이다.

> (눅 23:46) "예수께서 큰 소리로 불러 가라사대 아버지여 내 영

<u>혼을 아버지 손에 부탁하나이다</u> 하고 이 말씀을 하신 후 운 명하시다."

그런데 예수님에 대해 알지 못한다면 온전히 그를 의지할 수 없기 때문에 그에 대해 그리고 그가 이루신 일에 대해 먼저 알아야 하는 것이다. 다시 말해, 올바른 믿음을 위해서는 올바른 깨달음이 선행되어야 하지만 사실에 대한 인정인 깨달음만으로는 구원에 이를 수 없고 예수님을 내가 의탁해야 할 대상인 주님으로 영접하는 믿음에 이르러서야 비로소 구원받을 수 있다는 말이다.

구약에서도 한 예를 들어 보자. 다니엘은 어떻게 사자 굴에서 건짐을 받을 수 있었을까? 히브리서 11장 33절에는 "믿음으로 사자의 입을 막기도 하며"라고 되어 있으며 다니엘 6장 23절에는 "그가 자기 하나님을 의뢰함이었더라(he believed in his God)"라고 되어 있다. 그가 사자 굴에서 구원받기 위해서는 믿음이 필요했는데 이 믿음은 어떤 사실에 대한 이해나 지적인 인정이 아닌 하나님에 대한 전적인 신뢰와 의탁이었다. 행함이 없는 믿음은 죽은 것(약 2:17)이라는 말씀을 통해서도 구원에 이르는 올바른 믿음이 깨달음이 아닌 신뢰와 의탁이라는 것을 쉽게 이해할 수 있을 것이다.

사실, 깨달음은 우리의 능력이나 의지와 상관없이 성령의 능력으로 인도되며 그 인도하심에 마음을 강퍅케 하지 않으면 깨달음에 이를 수 있다. (롬 2:4-5, 롬 3:10-12) 간혹 나의 의지와 상관없이 "믿어져 버렸다"라거나 고백하는 사람들을 만날 수 있는데 이들이 경험한 것이 깨달음이라고 할 수 있다. 그러나 구원에 이르게 하는 믿음은 의탁하는 믿음 혹은 영접하는 믿음으로서 여기에는 반드시 각자의 의지가 요구된다. 구원받기 위해 "믿으라"라고 명하신 것은 우리의 의지(意志)에 호소하고 있는 것이다. 아래의 구절들을 보면 믿음에 각자의 의지가 필요하다는 것을 알 수 있을 것이다.

> (막 16:16) "믿고 세례를 받는 사람은 구원을 얻을 것이요 믿지 않는 사람은 정죄를 받으리라"

> (행 16:31) "가로되 주 예수를 믿으라 그리하면 너와 네 집이 구원을 얻으리라 하고"

> (살후 2:12) "진리를 믿지 않고 불의를 좋아하는 모든 자로 심판을 받게 하려 하심이니라"

단순한 깨달음과 의탁하는 믿음의 차이를 깨닫는 것은 매우 중요하다. 그런데 안타깝게도 예수를 믿는다는 것을 영원한 속죄에 대한 깨달음으로만 한정시키는 사람들이 너무 많다. 골로새서 1장 6절의 말씀을 사용하여 깨달음을 곧 거듭남이라고 가르치며 또 깨달은 날을 거듭난 날이라고 가르치는 경우가 있는데 이는 큰 오해이다. 물론 깨달음과 동시에 자연스럽게 의탁하는 믿음으로 이어질 수는 있다. 그러나 깨달음은 분명히 논리상 믿음의 전 단계일 뿐이다. 알지 못하는 상태에서 올바로 믿을 수 없듯이 깨닫지 못하면 믿을 수도 없기 때문이다. 또한 더 중요한 것은 깨달았다고 해서 다 믿는 것이 아니라는 것이다. 가룟 유다도 예수님의 말씀도 듣고 하나님의 많은 역사를 보았지만 예수님을 구세주로 믿지 않았고 유대 총독 벨릭스도 바울의 설교를 듣고 두려워졌지만 믿음이 더 이상 진행되는 것을 스스로 거부했다. (행 24:24-27) 성경은 깨달음이 곧 거듭남이라고 말한 적이 없다. 오직 각자의 의지가 결부된 순종하는 믿음만이 유일한 길이며 정답이다. 믿음의 대상이 특정한 사실이 아니라 살아 계신 구세주라는 것은 그 믿음이 일회적인 깨달음이어서는 안 되며 지속적으로 붙들고 있는 믿음이어야 한다는 결론에 자연스럽게 이르게 한다.

	깨달음	의탁하는 믿음
의미	앎, 지적인 인정	신뢰, 의지(trust), 영접
대상	성경적 사실(영원한 속죄)	구원자이신 예수님
방법	말씀을 통한 성령의 인도	각자의 의지로 명령에 순종
기간	단번에 깨달을 수 있음	지속되어야 함

구원하심과 구원받음

구원은 오직 예수님의 피로써 받는 것인가? 아니면, 오직 믿음으로 받는 것인가? 이와 같은 간단한 질문에 많은 이들이, 심지어 거듭난 지 오래되었다는 사람들조차도 잠시나마 대답하기를 주저하곤 한다. 간혹 어떤 이들은 예수님의 피를 믿어야 한다며 나름대로 대답을 시도하지만 피 자체는 믿음의 대상이 될 수 없다. 이와 같은 구원에 관한 간단한 질문에 잠시나마 머뭇거리는 원인은 바로 구원이라는 단어의 개념을 명확히 이해하지 못한 채 사용하는 데 있다. 즉 명사형인 구원이라는 단어를 동사형으로 바꾸면 "구원하다"와 "구원받다"로 구분되고 그 주체와 의미는 각각 달라지는데 이 간단한 문법을 간과하면 큰 오류나 혼란에 빠질 수 있다.

예를 들면, 법률적으로 "사면(赦免)"이라고 하면 일반적으로 '죄수가 형벌을 면하는 것'을 의미하지만 "사면하다"와 "사면받다"와 같은 동사로 풀어 쓰면 그 주체와 의미는 각각 달라지게 된다. 사면해 주는 것은 법관의 고유 권한으로서 법관만이 사면 여부를 결정할 수 있다. 반면, 사면을 받는 입장에서는 법관의 사면 결정을 감사하는 마음으로 수용할 수도 있지만 드물게는 법정의 사면 결정을 거부하는 경우도 있다. 죄수가 사면을 받기를 거절한다면 법관이 사면을 해 주었다 하더라도 그 사면의 효력은 사라지고 오히려 이미 결정된 형벌을 피할 수 없게 된다. 이처럼 법정의 사면 결정이 곧 형벌이 완전히 면제된 상태를 의미하는 것이 아니며 또한 "사면하다"와 "사면받다"가 반드시 같은 의미라고 볼 수 없다.

구원에 있어서도 마찬가지인데 "구원하다"와 "구원받다"는 같은 의미가 아니다. "구원하심"은 우리의 죄를 영원히 사하신 것으로서 전적으로 예수님께서 홀로 완성하신 것이며 "구원받음"은 예수님께서 이루신 속죄에 대한 죄인의 올바른 반응인 믿음으로써 되는 것이다. "구원하심"은 오직 예수님의 보배로운 피로써 이미 완성되었지만 "구원받음"은 오직 각자가 예수님의 이루신 일을 알고 예수님을 믿을 때 이루어진다. "구원하심"은 우리의 믿음이나 의지와 상관없이 온 세상을 위하여 하나님께서 일방적으로 이루신 일이지만 "구원받음"에 있어서는 각자의 믿고자 하는 의지가 요구된다.

"구원하심"이 없다면 "구원받음"도 있을 수 없기 때문에 사실상 이 둘은 서로 떼려야 뗄 수 없는 관계이다. 그러나 "구원하심"과 "구원받음"은 분명히 의미도 주체도 방법도 수혜자도 모두 다르다. 엄연히 다른 이 두 가지의 개념을 명확히 구분하는 것은 구원의 전체적인 그림을 올바르게 이해하는 데 매우 중요하다.

	구원하심	구원받음
주체	예수님	각 사람
방법	피 흘림(죽음)	믿음
수혜자	온 인류	믿는 사람만

처음 믿을 때의 구원과 마지막 날의 구원

이제 잠시 구원의 사전적 의미로 다시 돌아가 보자. 그것은 '절박한 위기의 상황으로부터의 건짐'이라고 앞서 간단히 소개했다. 신학적으로 보면 죄인인 인간에게 있어서 절박한 위기의 상황이란 바로 지옥의 형벌을 의미한다. 그렇다면 죄인에게 실제적인 구원이란 '지옥의 형벌로부터 완전히 벗어나 실제적으로 영원한 생명이 시작되는 것'이라고 할 수 있다. 그렇다면 이 실제적인 구원은 언제 일어나는가? 예수님께서 십자가에서 돌아가셨을 때인가? 아니면 죄인이 믿음으로 예수님을 영접했을 때인가? 둘 다 아니다. 정답은 아래의 말씀에 있다.

> (요 6:40) "내 아버지의 뜻은 아들을 보고 믿는 자마다 영생을 얻는 이것이니 마지막 날에 내가 이를 다시 살리리라 하시니라"

실제적인 구원은 마지막 날에 일어난다. 그날은 믿는 자들이 예수님을 만나는 날이다. 마지막 때에 재림하시는 예수님을 공중에서 만날 것이다. (살전 4:16-17) 성경은 구원을 미래형으로 훨씬 더 많이 기록하고 있다는 사실에 주목해야 한다. 특히 이미 믿고 있는 이들에게도 구원이 미래에 이루어질 것으로 말하고 있는데 이와 같은 미래형의 구원은 모두 마지막 날에 일어날 실제적인 구원을 말하고 있는 것이다.

이와 같은 것들을 통해서 알 수 있는 사실은 성경이 이 "마지막 날의 구원"을 과거에 단번에 믿음으로 받았다고 오해하는 구원과 분명하게 선을 긋고 있다는 것이다. 이를 직접적으로 입증하고 있는 성경 구절을 보자. (*아래의 구절에 붙은 ①~④의 번호는 뒤에 이어질 설명과 연결하여 구원을 시점에 따라 구분하기 위한 목적으로 붙였음을 참고하기 바란다.)

> (롬 13:11) "또한 너희가 이 시기를 알거니와 자다가 깰 때가 벌써 되었으니 이는 이제 ④ 우리의 구원이 ② 처음 믿을 때보다 가까웠음이니라"

이 말씀에서도 "처음 믿을 때"와 "우리의 구원"이 각각 시점이 다르고 서로 구분되어 있는 것을 알 수 있다. "처음 믿을 때"란 앞서 설명했던 것처럼 '구세주이신 예수님을 알게 되어 그를 믿음으로 영접했을 때'를 가리킨다. 일반적으로 사람들이 "나는 ~때에 구원받았다"라고 말하는 것이 바로 이때를 말하는 것이다. 그런데 그와는 별개로 가까이 다가온 "우리의 구원" 즉, "아직 이루어지지 않은 구원"이 또 있다는 것인데 그것이 바로 마지막 날에 이루어질 실제적인 구원을 가리킨다.

그렇다면 처음 믿을 때 받았다고 생각하는 구원과 마지막 날에 이루어질 실제적인 구원은 구체적으로 어떻게 다를까? 앞서 소개한 죄수가 사면을 받는 과정을 다시 한번 예로 들어 이 차이점에 대하여 설명해 보겠다.

법정에서 사면을 결정하고 죄수가 그 사면의 결정을 수용하면 사면이 이루어진다. 그런데 여기서 죄수가 사면의 결정을 수용하는 시점과 실제로 죄수로서 갇혀 있는 상태에서 풀려나는 시점에 차이가 생길 수 있다. 예를 들면 만일 오늘 사면 결정이 나서 그 사실이 곧바로 알려지고 죄수가 사면 결정을 수용했다 하더라도 사면이 집행되는 시점은 그 다음 날이 될 수도 있고 일주일 후가 될 수도 있다. 그래서 죄수가 실제로 사면되는 시점은 사면 결정이 내려질 때나 사면 결정이 수용될 때가 아닌 "실제적 사면"이 집행되는 날인 것이다.

구원받음에 있어서도 마찬가지이다. 예수님께서 십자가에서 속죄를 이루시고 죄인들을 위한 사면을 선포하셨다. 그리고 죄인이 예수님께서 이루신 속죄(사면)를 깨닫고 예수님을 믿음으로 구원을 약속 받는다. 이것이 "처음 믿을 때" 받았다고 생각하는 구원이다. 그러나 그 구원의 실제적인 집행은 마지막 날에 일어난다. 이것이 "마지막 날"에 받는 구원이다. 그래서 엄밀히 말하면 마지막 날에 있을 구원받음이 실제적으로 집행되는 진짜 구원받음이라고 할 수 있다. 그와는 반대로 "처음 믿을 때" 받았다고 생각하는 구원받음은 진짜 구원받음이 아니다. "구원을 받은 것"이 아니라 "구원의 약속을 받은 것"이 정확한 표현이다. 다시 말하면 처음 믿을 때는 마지막 날에 일어날 구원받음에 대한 "약속(보장)을 받은 것"뿐이다. 이 "약속을 받은 것"은 매우 중요하다. 왜냐면 오직 구원의 약속을 받은 자들만이 마지막 날에 진정한 구원을 받게 되기 때문이다. 어쨌든 "구원받음"의 프로세스는 이와 같이 "처음 믿을 때(②)"와 "마지막 날의 구원(④)"의 두 단계로 분명하게 구분된다.

구원하심에 있어서도 구원받음과 마찬가지로 두 단계의 프로세스로 구분되어 진행된다. 먼저 구원하심의 첫 번째 단계는 예수님께서 십자가에서 완성하신 죄사함의 단계인데 이 구원하심은 예수님께서 당신의 죽으심을 통해서 온 인류를 위한 죄사함을 완성하시고 모든 죄인들이 구원에 이를 수 있게 되었다는 대대적인 사면을 선포하신 것이다. 그러나 죄인들에 대한 실제적인 구원의 집행은 역시 마지막 날에 일어나게 되어 있는데 이것이 구원하심의 두 번째 단계이자 구원하심의 완성이다. 성경도 이와 같이 예수님의 십자가에서의 사역과 마지막 날의 구원을 각각 구분하여 별개의 사건으로 말하고 있다. 아래의 성경구절을 통해서 이 점을 확인해 보자.

> (히 9:28) "이와 같이 그리스도도 ① 많은 사람의 죄를 담당하시려고 단번에 드리신 바 되셨고 ③ 구원에 이르게 하기 위하여 죄와 상관없이 자기를 바라는 자들에게 두 번째 나타나시리라"

예수님께서 십자가에서 단번에 드리신바 되셨다는 것(①)은 온 인류를 위한 대사면 즉, 모든 죄인들을 위한 죄사함을 완성하셨다는 것이다. 동시에 오직 믿는 자들(자기를 바라는 자들)에게 하신 마지막 날의 구원하심(③)에 대한 "약속(보증)"을 선포하신 것과 같다고 할 수 있다. 따라서 엄밀한 의미에서의 구원하심은 마지막 날에 완성된다고 할 수 있다.

예수님께서 십자가에서 이루신 죄사함(①)은 그야말로 구원의 핵심이며 가장 중요하다. ①번이 없으면 ②~④는 있을 수도 없고 의미도 없기 때문이다. 그러나 ①번만으로 구원의 모든 과정이 완성되었다고 할 수 없다는 것을 기억하기 바란다. 예수님께서 십자가에서 운명하실 때, "다 이루었다"고 하신 것은 구원의 핵심이자 구원하심의 첫 번째 단계인 죄사함이 완성되었다는 의미이지 최종 구원받음(④)까지의 모든 과정이 완성되었다는 의미가 결코 아니다. 그래서 한 죄인이 영생에 이르기 위해 알아야 하는 구원의 프로세스는 십자가상에서 이루신 속죄가 전부가 아님을 알 수 있다. 예수님께서 이루신 죄사함에 대한 합당한 반응으로서 믿음이 필요하다는 것도 알아야 하고 실제적인 구원은 마지막 날에 일어나므로 그때까지 우리의 믿음이 유지되어야 한다는 것도 알아야 한다. (이에 대해서는 별도로 자세히 다루겠다.) 아무튼 성경에서 가르치는 구원은 구원자와 피구원자의 역할과 시점에 따라 구분되어 있음을 알 수 있다. 이와 같은 내용을 간단히 정리하면 다음의 표와 같다.

	십자가의 사역 (속죄)	처음 믿을 때 (칭의)	마지막 날 (영화)
구원 하심	① 온 인류를 위한 구원의 선포		③ 구원하심의 집행
구원 받음		② 믿는 자만이 구원을 약속받음	④ 구원받음의 실현

많은 기독교인들이 구원하심과 구원받음의 각각의 단계를 "구원"이라는 하나의 단어로 구별 없이 사용함으로써 다소 혼동을 초래하고 있는 반면 신학자들은 전문적인 용어를 사용하여 각각의 단계들을 명확하게 구분하고 또 그 각각의 의미들을 잘 정리해 놓고 있다.

첫째, 예수님께서 십자가에서 이루신 구원(①)이란 신학적 용어로 속죄(贖罪, redemption)에 해당하고 이는 '죄를 속한다'는 뜻으로서 쉽게 말하면 '죗값을 치르는 것'을 의미한다.

둘째, 죄인들이 예수님을 믿어 받게 되었다고 생각하는 구원(②)은 칭의(稱義, justification)라고 하는데 이는 '의롭다고 여김(칭함)을 받음'이라는 뜻으로서 쉽게 말하면 '더 이상 죄인이 아닌 의인으로 인정되었다'는 것을 의미한다. 참고로 "믿음으로 의롭다 함을 받는다"라는 표현은 주로 사도 바울이 자주 사용했다. (롬 3:28, 3:30, 4:5, 5:1, 갈 2:16, 3:24 등) 많은 신학자들과 성경학자들은 이 칭의의 구원을 거듭남(born again), 회심(conversion) 또는 갱생(regeneration)이라는 표현으로 바꾸어 사용하고 있는데 이는 단순히 "구원"이라는 말을 사용했을 때 생길 수 있는 다소간의 오해나 혼란을 피하고 또 속죄나 마지막 날의 구원과 명확하게 구분하기 위한 노력으로 보인다.

셋째, 마지막 날에는 구원하심(③)과 구원받음(④)이 동시에 일어나므로 하나의 사건이라고 할 수 있는데 이 구원은 영화(榮華, glorification)라고 한다. 그 의미는 구원받음의 약속을 소유한 자들의 영과 혼과 몸이 영화롭게 변화하여 예수님과 함께 실제의 영원한 생명으로 들어가는 것이다. 이는 속죄를 통해 약속하신 구원하심의 집행이자 동시에 칭의를 통해서 약속받은 구원받음의 실현인 것이다. 영화야말로 최종적으로 완성된 진정한 구원이라고 할 수 있다. 그래서 성경은 구원을 미래형으로 훨씬 더 많이 표현하고 있는 것이다.

단번에 구원, 영원한 구원?

오늘날 많은 그리스도인들이 가지고 있는 구원에 관한 심각한 오해는 "구원은 믿음으로 단번에 완성되며 그 구원은 무조건 영원히 보장된다"라는 것이다. 믿음으로 구원받는 것도 맞고 구원이 보장되는 것도 맞지만 이 믿음과 구원의 보장에는 분명히 조건이 따른다. 이와 같은 오해의 원인은 구원에 대한 정확한 개념이 정립되지 않았기 때문이다. 이런 이유 때문에 본인은 구원을 주체별 그리고 시점별로 정확하게 구분하여 각각의 개념을 올바르게 이해시키려고 했던 것이다. 앞서 설명했던 내용들을 통해 구원에 관한 개념이 체계적으로 잘 정리가 되었다면 이제 오해들을 하나씩 정리해 보자.

먼저 "구원은 믿음으로 단번에 완성되는 것"이라는 오해에 대하여 생각해 보겠다.

우선 '구원은 단번에 이루어진다'는 것은 사실이다. 그러나 단번에 이루어진 구원이란 예수님이 이루신 속죄(①)에 적용할 수 있는 사실이지(롬 6:10, 히 7:27…) 믿음으로 얻는 칭의(②)에 적용할 수 있는 말이 아니다. 칭의와 속죄를 구분하지 않고 마치 동일한 개념인 것처럼 사용했기 때문에 "믿음으로"와 "단번에"라는 표현을 혼용해서 사용했기 때문에 오해가 생긴 것이다.

믿음을 단번에 완성되는 것으로 오해하는 또 다른 이유는 깨달음이 곧 믿음이라고 생각했기 때문이다. 앞서 이미 설명했지만 깨달음은 단번에도 가능하다. 그러나 구원받기 위한 믿음이 의탁하는 것이라면 그것은 반드시 지속되어야 한다. 그래서 앞서 깨달음과 믿음의 차이에 대하여 설명했던 것이다.

참고로, 유다서 1장 3절에서는 마치 믿음도 단번에 이루어지는 것이라고 말하는 것처럼 보인다.

> (유 1:3) "사랑하는 자들아 내가 우리의 일반으로 얻은 구원을 들어 너희에게 편지하려는 뜻이 간절하던 차에 성도에게 단번에 주신 믿음의 도를 위하여 힘써 싸우라는 편지로 너희를 권하여야 할 필요를 느꼈노니"

그러나 여기에서 말하고 있는 "단번에"란 믿음이 시작된 "과거의 한때"를 의미하는 것이지 믿음이 단번에 완성된다는 의미가 결코 아니다. 한글 성경에서는 "단번에"라고 번역되었지만 KJV에는 "once"라고 번역되어 있는데 "과거의 한때"를 의미한다는 점에서 once의 번역이 훨씬 자연스럽다고 할 수 있다. 또한 믿음이 단번에 완성된다면 본 절에서 말하고 있는 것처럼 믿음의 도를 위하여 힘써 싸울 필요가 없다. 그런데 사도 유다는 분명히 과거의 한때에 시작된 믿음을 위해 힘써 싸워야 한다고 권고했다. 그리고 이것은 유다서 전체의 메시지이기도 하다.

정리하자면 처음 믿을 때 약속받은 구원은 단번의 믿음으로 완성되는 것이 아니라 "이루어 가야 하는 것"(빌 2:12)이다. 즉 처음 믿을 때의 믿음을 마지막 날까지 유지하여 구원을 완성시켜야 하는 것이다.

또 "믿음으로 받은 구원은 영원히 보장된다"라는 오해에 대해서도 생각해 보자.

'구원은 영원히 보장된다'는 것도 사실이다. 그러나 보장되는 구원이란 "구원하심"의 영역이다. 즉, 구원하심의 첫 단계인 속죄(①)와 두 번째 단계인 영화(③)가 여기에 속하는데 이는 모두 구원자이신 하나님께서 이루신 일이고 또 이루실 것이다. "구원하심"의 영역은 신실하신 하나님의 사역이자 약속으로서 영원히 변치 않고 결코 변할 수도 없다. 100% 신실하신 하나님의 성품이 속죄와 영화의 안전성과 완전성을 보장해 준다. 반면, 믿음으로 얻게 된 칭의는 "구원받음"의 영역으로서 그 의롭다 함을 받은 상태가 완전하지도 않고 하나님께서 불변을 약속하신 적도 없다. (3장에서 자세히 설명함.) 불완전한 인간의 속성이 그의 마음과 믿음의 가변성을 반증한다. "구원받음"의 영역은 오직 믿음이라는 조건에 부합했을 때만 보장되는 것이지 무조건적으로 보장되는 것이 결코 아니다. 이는 마음의 순종인 믿음으로 하나님의 약속을 받기는 했지만 그 믿음은 언제든지 변할 수 있기 때문이다. 믿음이 변한다면 칭의의 상태 역시 변할 수밖에 없다. 아래의 분명한 말씀을 통해 그 근거를 확인해 보라.

(골 1:21-23) "전에 악한 행실로 멀리 떠나 마음으로 원수가 되었던 너희를 이제는 ① 그의 육체의 죽음으로 말미암아 화목케 하사 너희를 ④ 거룩하고 흠 없고 책망할 것이 없는 자로 그 앞에 세우고자 하셨으니 만일 너희가 믿음에 거하고 터 위에 굳게 서서 너희 들은 바 복음의 소망에서 흔들리지 아니하면 그리하리라 이 복음은 천하 만민에게 전파된 바요 나 바울은 이 복음의 일꾼이 되었노라"

결론적으로 믿음으로 얻은 칭의의 상태를 마지막 날까지 지키지 못한다면 그는 결코 마지막 날의 구원인 영화에 이를 수 없는 것이다. 그래서 성경은 구원(④)에 이르기 위해 마음과 믿음을 지켜야 한다고 수도 없이 경고하고 있다

(빌 2:12) "그러므로 나의 사랑하는 자들아 너희가 나 있을 때 뿐 아니라 더욱 지금 나 없을 때에도 항상 복종하여 두렵고 떨림으로 너희 구원을 이루라"

믿음으로 순종하여 얻은 칭의의 구원은 마치 천국의 티켓과 같다. 이 티켓을 소유한 사람은 무조건 천국에 갈 수 있다. 하지만 어떤 이유로든지(핍박, 세상의 유혹, 염려 등) 중간에 티켓을 스스로 포기해 버리고 만다면 결국 천국에 들어갈 수 없다. 티켓을 받은 것은 과거에 이미 완료되었다고 하더라도 실제로 천국에 들어가는 것은 미래의 일임과 같은 이치이다.

(약 1:12) "시험을 참는 자는 복이 있도다 이것에 옳다 인정하심을 받은 후에 주께서 자기를 사랑하는 자들에게 약속하신 생명의 면류관을 얻을 것임이니라"

또한 칭의에 이르기 위해서는 믿음이라는 조건이 요구되었듯이 영화에 이르기 위해서도 조건이 요구되고 있다는 것을 알아야 한다. 영화의 구원에 해당하는 성경의 구절들을 살펴보라. 그 구절들은 모두 미래형으로 표현된다는 점과 그 구원의 대상이 이미 믿고 있는 사람이라는 점 그리고 그 구원에 이르기 위해서는 반드시 요구되는 조건들이 있다는 공통점이 있다.

(마 10:22) "또 너희가 내 이름을 인하여 모든 사람에게 미움을 받을 것이나 나중까지 견디는 자는 구원을 얻으리라"

(롬 5:9) "그러면 이제 우리가 그 피를 인하여 의롭다 하심을 얻었은즉 더욱 그로 말미암아 진노하심에서 구원을 얻을 것이니"

(고전 15:2) "너희가 만일 나의 전한 그 말을 굳게 지키고 헛되이 믿지 아니하였으면 이로 말미암아 구원을 얻으리라"

(딤전 2:15) "그러나 여자들이 만일 정절로써 믿음과 사랑과 거룩함에 거하면 그 해산함으로 구원을 얻으리라"

(히 3:14) "우리가 시작할 때에 확실한 것을 끝까지 견고히 잡으면 그리스도와 함께 참예한 자가 되리라"

(벧전 2:2) "갓난 아이들 같이 순전하고 신령한 젖을 사모하라 이는 이로 말미암아 너희로 구원에 이르도록 자라게 하려 함이라"

(유 1:21) "하나님의 사랑 안에서 자기를 지키며 영생에 이르도록 우리 주 예수 그리스도의 긍휼을 기다리라"

위의 말씀들에서 마지막 날의 구원에 이르기 위한 조건들을 잘 살펴보면 믿음을 지키기 위한 각자에게 주어진 명령들임을 알 수 있다. 이는 곧 각자의 믿음이 지켜져야 마지막 날의 구원인 영화에 이를 수 있다는 것이다. 참고로 이것은 선한 행위(혹은 율법의 행위)로 의롭다 함을 받으려는 소위 "행위 구원론"이 결코 아니다. 칭의는 행위가 아닌 전적으로 믿음에 관한 문제이기 때문이다. 물론 마음을 지키기 위해서 행위가 수반될 수는 있지만 자신의 선한 행위 자체가 구원받음의 조건이 될 수는 없다.

한마디로 칭의의 상태는 장차 완성될 구원인 영화가 약속된 상태일 뿐이다. 그리고 오직 믿음으로 말미암아 지속적인 하나님의 보호하심을 입게 되며(벧전 1:5) 이 과정을 통해서 결국 영화에 이를 수 있는 것이다.

영혼과 몸의 따로따로 구원?

구원이 과거의 일회적인 믿음으로 완성된다고 믿는 사람들은 앞서 소개한 "구원을 이루라"(빌 2:12)와 같은 말씀이나 "미래의 구원"에 관한 말씀들을 액면 그대로의 "구원"으로 받아들일 수 없었다. 왜냐하면 이와 같은 말씀들은 모두 구원이 아직 완성되지 않은 것처럼 표현되었다는 점과 또 구원을 이루기 위해 인간의 측면에서 이루어야 할 조건들이 제시되었다는 점에서 "구원은 한 번의 믿음으로 완성된다"라는 그들의 선입견과 전혀 맞지 않았기 때문이다.

이 곤란함을 해결하기 위하여 그들은 다음과 같은 새로운 구원의 이론을 만들기로 한다. 먼저 "영혼의 구원"과 "몸의 구원"을 먼저 분리시키고 또 신앙생활의 영역을 또 다른 "생활 구원"이란 신조어를 만들어서 분리시키기로 한 것이다. 그래서 성경상에 등장하는 구원이라는 단어를 각각 그들의 입맛대로 의미를 부여하여 3가지 종류의 각기 다른 구원으로 분리한 것이다. 그들의 분류 방법에 따르면 처음 믿을 때의 구원은 "영혼의 구원"이고 또 마지막 날의 구원은 "몸의 구원"이며 현재에 이루어 가야 할 구원은 "생활 구원"이 된다. 그리하여 그들만의 새로운 교리가 탄생되었는데 이른바 "3단계의 구원"의 교리이다. (1단계-영혼 구원, 2단계-생활 구원, 3단계-몸의 구원) 그리고 "한 번 영혼 구원을 받게 되면 몸의 구원까지 자동적으로 보장된다"라는 주장을 덧붙임으로써 '구원은 한 번의 믿음으로 완성된다'는 그들의 교리를 변함없이 유지할 수 있게 했다. 결국 "생활 구원"과 "몸의 구원"이라는 잘못된 교리를 "성화"나 "영화"와 결부시킨 그들의 설명은 그럴듯해 보였고 적지 않은 사람들이 이미 이와 같은 비정상적인 교리에 깊게 물들어 있다. 이런 이유로 그들은 빌립보서 2장 12절의 "구원을 이루라"에서의 구원은 "생활 구원" 즉 성화를 의미한다고 주장하며 이미 보장된 영화에 이르는 한 과정에 불과하기 때문에 영원한 생명을 얻는 것과는 직접적인 관련이 없다고 주장하고 있는 것이다.

여러분은 이 주장에 대해서 어떻게 생각하는가? 조금만 주의 깊게 생각해 보면 이와 같은 주장의 근거가 정말 허술하다는 것과 또 이는 성경을 억지로 풀어 진리를 왜곡시킨 전형적인 예라는 것을 어렵지 않게 알 수 있을 것이다. 성경은 이와 같은 엉터리 해석을 결코 허용한 적이 없다. 성경은 구원을 따로국밥처럼 영혼과 몸의 구원을 따로 나눈 적이 없다. "구원을 이루라"에서의 구원은 성경에서 일관되게 말하고 있는 영과 혼과 육의 전 인격적인 구원이다. 그리고 성경의 구원은 영원한 생명을 얻는 것 외에 다른 것(생활 구원 같은 것)을 의미할 수 없다. 두렵고 떨림으로 이루어야 하는 구원이란 다름 아닌 처음 믿을 때 약속받은 구원의 믿음을 끝까지 지킴으로써 이루어야 하는 영화의 구원이다.

그렇다면 영혼의 구원은 이미 처음 믿을 때 받았다고 하며 몸의

구원은 마지막 날에 별도로 받을 것이라고 하는 이런 이상한 주장
이 어떻게 받아들여질 수가 있었는지 알아보자.

그들이 오해하고 또 왜곡하고 있는 대표적인 구절이 베드로전서
1장 9절이다.

> (벧전 1:9) "믿음의 결국(τελος) 곧 영혼의 구원을 받음이라 /
> receiving the end of your faith-the salvation of your
> souls."

그들은 본 절에서의 구원을 '믿음의 결과로 이미 획득된 영혼만
의 구원'이라고 잘못 해석한 것이다. 이는 "결국"이라는 단어와 "영
혼의 구원" 그리고 "받음이라"라는 표현을 크게 오해한 데서 비롯
된 결과이다. 먼저 이 세 가지의 오해들에 대해서 정리한 후 본 절
을 통해 사도 베드로가 진정으로 하고 싶었던 말이 무엇이었는지
알아보자.

첫째, 여기서 말하는 "결국"이란 조건에 따라 얻어지는 결과의 의
미가 아니라 시간의 흐름에 따른 종료 시점을 의미한다. 이와 같은
사실은 영문으로 번역된 성경을 봐도 금방 확인할 수 있다. 신약 성
경의 원어인 헬라어로 보자면 본 절의 "결국"으로 번역된 "텔로스
(τελος)"와 로마서 6장 21절과 22절의 "마지막"에 해당하는 헬라어
가 동일한데 여기서도 텔로스는 시간의 흐름에 있어서의 마지막 시
점을 의미하고 있다는 것을 분명하게 알 수 있다.

(롬 6:21-22) "너희가 그 때에 무슨 열매를 얻었느뇨 이제는 너희가 그 일을 부끄러워하나니 이는 그 마지막(τελος)이 사망임이니라. 그러나 이제는 너희가 죄에게서 해방되고 하나님께 종이 되어 거룩함에 이르는 열매를 얻었으니 이 마지막(τελος)은 영생이라"

즉, 베드로전서 1장 9절에서 말하고 있는 "믿음의 결국 곧 영혼의 구원을 받음이라"가 의미하는 것은 '일회적인 믿음의 결과로 영혼의 구원을 받는다'가 아니라 '지속되고 있는 믿음의 종착지가 곧 영혼의 구원이다'이다.

둘째, "영혼의 구원"이라는 표현은 마치 베드로가 구원을 영혼(soul 혹은 spirit)의 구원으로만 한정하고 있는 것 같지만 사실은 그렇지 않다. 유대인적 사고에서는 프쉬콘(ψυχων)의 원형인 프쉬케가 영혼만을 의미하는 것이 아닌 자아나 인격 전체도 의미하는데 유대인이었던 베드로도 후자와 같은 사고에서 영혼이라는 단어를 사용했다고 보인다. 그 이유는 베드로전서의 다른 구절에서도 사용된 동일한 영혼이라는 단어가 후자와 같은 의미로 사용되었기 때문이다.

(벧전 2:25) "너희가 전에는 양과 같이 길을 잃었더니 이제는 너희 영혼의(ψυχων) 목자와 감독 되신 이에게 돌아왔느니라"

(벧전 4:19) "그러므로 하나님의 뜻대로 고난을 받는 자들은 또한 선을 행하는 가운데 그 영혼을(ψυχας) 미쁘신 조물주께

부탁할지어다"

위의 구절들을 통해 육체와는 구별되게 영혼을 따로 구분하려는 게 베드로의 의도가 아니라는 것을 알 수 있다. 그러므로 "영혼의 구원"이란 육체를 배제한 영만의 구원이 아니라 데살로니가전서 5장 23절에서 말씀하시는 것처럼, 영과 혼과 육이 결합된 전 인격적인 구원 곧 영육 간에 얻는 구원을 의미한다고 할 수 있다.

> (살전 5:23) "평강의 하나님이 친히 너희로 온전히 거룩하게 하시고 또 너희 온 <u>영과 혼과 몸이</u> 우리 주 예수 그리스도 강림하실 때에 흠 없게 보전되기를 원하노라"

셋째, "받음이라"의 동사의 시제는 과거가 아니다. 원어나 영어 모두 현재 진행형으로 기록되어 있으며 이는 베드로 사도가 이미 획득된 구원을 말하는 것이 아니라 아직 완료되지 않아 아직 진행 중인 즉, 미래에 완성될 구원을 말하고 있다는 것을 알 수 있다.

이제 본 절이 속해 있는 전체의 문맥을 통해서 사도 베드로가 말하고자 했던 "영혼의 구원"이 무엇이었는지 알아보자.

> (벧전 1:5-9) "너희가 말세에 나타내기로 예비하신 구원을 얻기 위하여 믿음으로 말미암아 하나님의 능력으로 보호하심을 입었나니 그러므로 너희가 이제 여러 가지 시험을 인하여 잠 근심하게 되지 않을 수 없었으나 오히려 크게 기뻐하도다 너희

믿음의 시련이 불로 연단하여도 없어질 금보다 더 귀하여 예
수 그리스도의 나타나실 때에 칭찬과 영광과 존귀를 얻게 하
려 함이라 예수를 너희가 보지 못하였으나 사랑하는도다 이
제도 보지 못하나 믿고 말할 수 없는 영광스러운 즐거움으로
기뻐하니 <u>믿음의 결국 곧 영혼의 구원을 받음이라</u>"

　베드로전서는 이미 거듭난 그리스도인들을 대상으로 한 서신서
라는 점과(벧전 1:2, 2:10…) 더불어, 5절에서 언급된 "너희가 말세에
나타내기로 예비하신 구원을 얻기 위하여"란 표현을 통해서 이 문
맥에서 말하고 있는 구원은 믿음으로 얻는 칭의(거듭남)가 아닌 이
미 거듭난 그리스도인들에게 약속된 미래의 구원이라는 것을 분명
히 알 수 있다. 그리고 같은 맥락으로 9절에서 그 구원을 다시 한
번 언급하고 있는 것이다. 결국 사도 베드로가 여기서 말하고 있는
영혼의 구원이란 믿음의 최종 단계에서 이루어지는 마지막 날의 구
원 즉, 영화(榮化)를 의미한다는 것을 분명하게 확인할 수 있다. 그
리고 본 절이 속해 있는 전체적인 문맥이 핍박과 시련 때문에 근심
중에 있는 동시대의 그리스도인들에게 믿음을 끝까지 지킴으로써
하나님의 능력으로 보호하심을 입어 구원에 이를 수 있도록 격려하
고 있는 내용이라는 사실을 통해서도 "믿음의 결국 곧 영혼의 구원"
이 칭의(거듭남)가 아닌 영화를 의미한다는 것이 더욱 분명해진다.

　또한 자신들이 만든 교리를 합리화하기 위하여 그들이 인용하고
있는 또 하나의 구절이 있다. 바로 마가복음 4장 28절이 그들이 주

장하는 소위 "구원의 3단계"를 전체적으로 잘 설명해 주고 있다고 한다.

> (막 4:28) "땅이 스스로 열매를 맺되 처음에는 싹이요 다음에는 이삭이요 그 다음에는 이삭에 충실한 곡식이라"

그들은 본 절이 3단계 구원의 교리의 전형적인 예이며 싹, 이삭 그리고 곡식이 각각 영혼 구원, 생활 구원 그리고 몸의 구원을 의미하고 단계적으로 이루어진다고 주장한다. 그들의 주장대로라면 일회적인 믿음으로 일단 거듭나게 되면 영혼의 구원부터 몸의 구원까지 자동적으로 보장이 되기 때문에 한 번 싹이 나면 성장 과정에서 절대 죽는 일은 있을 수 없다는 말이 된다. 하지만 성경은 가지가 마르기도 하고 줄기에서 떨어지기도 하고 열매를 맺지 못하기도 하고 심지어 찍히기도 한다고 수없이 경고하고 있다. 따라서 본 절을 인용한 그들의 주장은 성경적으로도 일관성이 없고 보편적으로도 지지를 받을 수 없는 자의적인 해석이라는 것을 금방 알 수 있다.

성화(聖化)는 하나님의 백성으로서 추구해야 할 이 땅에서의 구별된 거룩한 생활을 의미하며(레 19:2, 벧전 1:16) 거듭난 그리스도인들이 영화에 이르기까지의 삶에서 이루어져야 할 과정들임에는 틀림이 없다. 그렇지만 이 성화가 근거도 없이 "생활 구원"이라는 말로 둔갑될 수는 없는 일이다. 많은 사람들이 "생활 구원" 그리고 "몸의 구원"이라는 말에 이미 속아서 제대로 분별하지 못하고 있을 뿐, 이와 같은 말들은 성경에서 전혀 허락한 적이 없는 표현들이라는 것은 조금만 사려 깊게 생각해 보면 알 수 있다. 성경은 분명히 "구원"이라고 말했는데도 그것을 "생활 구원"이라고 바꿀 수밖에 없었던 것은 '구원은 한 번의 믿음으로 완성된다'는 잘못된 전제 혹은 선입견 때문이다. 결론을 먼저 정해 놓고 거꾸로 거기에 억지로 끼워 맞춘 결과로서 오직 조건과 함께 미래형으로 표현된 구원의 곤란함을 해결해 보려는 그들의 억지 주장일 뿐이다.

"생활 구원"과 같은 조작된 용어의 폐해는 생각보다 크다. 생활 구원이나 몸의 구원이라는 색안경을 통해서 성경을 보게 되면 믿음과 구원에 관한 모든 미래적 표현이 그들의 선입견대로 보여서 성경을 올바로 볼 수 없기 때문이다. 불량 선글라스가 눈에 오히려 나쁜 영향을 주듯 왜곡된 색안경이 많은 사람들에게 성경을 보는 시각을 크게 삐뚤어지게 했다. 이제는 색안경은 벗겨 내고 성령의 조명 가운데 맑은 눈으로 성경을 다시 봐야 한다.

3장

★

거듭난 후
다시 잃어질 수 있는가?

★

칭의(거듭남)의 상태

배도(背道)의 경고

영생의 보장에 대한 오해

바울이 가르쳤던 믿음

잃어졌던 구약의 그림자들

"율법 안에서 의롭다 함을 얻으려 하는 너희는
그리스도에게서 끊어지고 은혜에서 떨어진 자로다"
(갈 5:4)

칭의(거듭남)의 상태

믿음을 통해서 의롭다 함을 받은 상태 즉, 거듭난 상태란 어떤 것일까? 먼저 알아야 할 것은 칭의 곧 거듭남을 통해서 우리에겐 새로운 지위(position)가 주어졌다는 사실이다. 구원의 약속을 받은 사람들은 곧 천국의 기업을 유업으로 받을 자들이고 이는 그들이 양자권을 획득한 사람들임을 의미하는 것이다. 즉 하나님의 자녀로서의 지위이자 하나님 나라의 백성으로서의 지위를 획득한 것이다. 사도 바울도 우리의 시민권은 하늘에 있다고 말했다. (빌 3:20) 따라서 우리가 아직은 이 땅에 살고 있지만 우리는 하나님의 자녀로서의 권리를 얼마든지 누릴 수 있다.

그런데 이 칭의(거듭남)의 상태는 아직 완전한 상태가 아니라는 것을 알아야 한다. 칭의(justification)란 의롭다 함을 받는 것이다. 영어로 보면 이해가 더 쉬운데 의롭지 않은 사람을 의롭게 만들어 준다는 의미의 justify라는 동사가 사용되고 있다. 여전히 의롭지 못한(unjust) 상태(condition)에 있지만 동시에 의롭다고 여김을 받는(justified) 지위(position)로 인정해 주는 것이다. 의롭다고 여김을 받는다는 것은 아직 완전히 새 사람으로 변화된 상태(perfected) 즉, 영화의 상태(glorified)가 아님을 기억해야 한다. 의롭다 여김을 받고 지옥에서 천국으로 방향을 바꿨을 뿐 우리는 아직 천국에 이르지 않았고 또한 여전히 불완전한 상태에 있다. 이 불완전한 상태에서는 우리의 믿음 역시 완전하지 않고 언제든지 변할 수 있다는 것은 당연한 사실이다. 반면, 영화가 이루어진 이후에는 영과 혼과 육이 모두 온전해진 상태이기 때문에 어떠한 흔들림이나 변화의 가능성도 없다. 완전한 새 사람으로의 변화는 거듭난 때가 아닌 마지막 날에 예수님의 재림 시에 일어나게 되어 있다. (고전 15:51-52)

하나님께서 거듭난 사람을 신뢰하실 거라고 생각하는 것은 기독교인들이 흔히 하는 오해 중의 하나이다. 하나님께서 자녀를 사랑하시는 것은 틀림없지만 하나님께서 그들을 신뢰하시는 것은 아니다. 예를 들어, 하나님께서 한때 훌륭한 믿음을 보였던 솔로몬을 전적으로 신뢰하셨다면 어떻게 되겠는가? 비록 하나님의 종으로 쓰임을 받고 있는 사람이거나 거룩한 자들(saints)이라 할지라도 환경에 의하여 그들의 믿음이 언제든지 흔들리거나 변할 수 있기 때문에 하나님께서는 그들을 신뢰하지 않으시는 것이다.

(욥 4:18) "하나님은 그 종이라도 오히려 믿지 아니하시며 그 사자라도 미련하다 하시나니"

(욥 15:15) "하나님은 그 거룩한 자들을 믿지 아니하시나니 하늘이라도 그의 보시기에 부정하거든"

거듭난 상태 즉 의롭다 여김을 받은 상태는 하나님의 구원의 약속 외에는 아직 모든 것이 불완전한 상태이다. 아직도 세상에는 그리스도인들을 무너지게 하는 유혹과 궤계들이 수 없이 많고 그들을 삼킬 사자들도 여기저기 존재한다. 이와 같은 유혹과 시련들을 이겨 내기 위해 우리는 여전히 하나님의 보호하심과 더불어 인내가 필요한 것이다.

> (히 10:36) "너희에게 인내가 필요함은 너희가 하나님의 뜻을 행한 후에 약속을 받기 위함이라"

배도(背道)의 경고

(히 3:12) "형제들아 너희가 삼가 혹 너희 중에 누가 믿지 아니하는 악심을 품고 살아 계신 하나님에게서 떨어질까(αποστην αι) 염려할 것이요"

배도는 영어로 apostasy에 해당하며 원래는 헬라어인 αποστασία 로부터 나온 말이다. 이는 "떨어지다", "이혼하다" 혹은 "배반하다" 등의 의미를 가지고 있다. 아래의 구절에도 동일한 단어가 사용되었는데 각각 "이혼하다"와 "배반하다"의 의미로 번역되었다.

(마 5:31) "또 일렀으되 누구든지 아내를 버리거든 이혼(αποστα σιον) 증서를 줄 것이라 하였으나"

(히 12:25) "너희는 삼가 말하신 자를 거역하지 말라 땅에서 경고하신 자를 거역한 저희가 피하지 못하였거든 하물며 하늘로 좇아 경고하신 자를 배반하는(αποστρεφομενοι) 우리일까 보냐"

떨어진다거나 이혼한다거나 혹은 배반한다는 등의 말이 성립되기 위해서는 두 가지의 조건이 반드시 필요하다. 첫째로 떨어짐과 이혼 그리고 배반의 대상이 반드시 있어야 한다는 것이며 둘째로 이전에는 붙어 있었거나 결혼했었거나 혹은 믿었었다는 사실이다. 성경에서 말하고 있는 배도의 분명한 대상은 그리스도이며 배도자들은 그리스도를 믿은 적이 분명히 있었다는 의미이다. 즉, 그리스도에 대한 믿음을 저버린 행위가 성경적인 배도라고 할 수 있으며 이는 믿는 사람들도 얼마든지 그리스도에 대한 믿음을 배반할 수 있다는 것을 의미한다.

거듭난다는 것은 그리스도와의 약혼과도 같다. 또는 주님을 향한 종으로서 충성의 맹세와도 같다. 앞서 설명한 대로 이러한 맹세와 약속은 우리의 스스로의 의지에 의한 믿음에 의하여 이루어진 것이다. 그런데 이러한 약속을 다시 저버리게 된다면 그 결과는 어떻게 될 것인가? 그리스도와의 결혼을 앞두고 있는 사람이 세상을 사랑하여 결국 그리스도를 배반하게 된다면 그 결과는 어떻게 될 것인가?

홍해를 건넌 후, 진정한 믿음을 소유하게 된(출 14:31) 이스라엘 민족들에게도 엄중한 배도의 경고가 주어졌었다. 그럼에도 불구하고 그들은 배도했고 그 결과는 경고대로 항상 비참한 멸망이었다. 그리고 이것은 말세를 사는 그리스도인들에게 교훈이 되고 있다는 분명한 말씀이 있다.

> (수 24:20) "만일 너희가 여호와를 버리고 이방신들을 섬기면 너희에게 복을 내리신 후에라도 돌이켜 너희에게 화를 내리시고 너희를 멸하시리라"

(고전 10:1-11) "…저희에게 당한 이런 일이 거울이 되고 또한 말세를 만난 우리의 경계로 기록하였느니라"

배도에 관한 성경의 수많은 경고의 말씀들 가운데 몇 가지를 살펴보자.

(눅 8:13-15) "바위 위에 있다는 것은 말씀을 들을 때에 기쁨으로 받으나 뿌리가 없어 <u>잠간 믿다가</u> 시험을 받을 때에 배반하는 자요… 좋은 땅에 있다는 것은 착하고 좋은 마음으로 말씀을 듣고 지키어 인내로 결실하는 자니라"

위의 누가복음 8장 13절에서 언급된 "잠간(잠깐) 믿는 사람들"은 거듭난 것이 아니었나? 어떤 이들은 본 절의 잠깐 믿는 사람들의 믿음은 애초부터 진정한 믿음이 아니었다고 하는데 그 근거는 대지 못한다. 한마디로 근거 없는 주장일 뿐이다. 본 절은 비유를 이해하지 못하는 제자들을 위한 예수님의 친절한 해설인데 이 해설에서조차 믿음이란 단어를 예수님께서 명확하지 않게 사용하셨다는 뜻인가? 앞서 1장에서 소개했던 종교적 관습이나 열심은 결코 믿음이라고 할 수 없다. 하지만 본 절에서 언급한 믿음은 비록 잠깐이라 하더라도 믿음은 믿음인 것이다. 또한 거듭남이 오직 믿음으로 말미암는다면 이들도 거듭난 것이 맞다. 믿었는데 잠깐이었다고 말씀하신 것이다. 잠깐 동안 믿고 포기하는 예는 수도 없이 많다. 그래서 누가복음 8장 15절에서처럼 말씀을 듣고 믿음의 싹을

틔웠다 할지라도 끝까지 지키어 인내로 결실해야 한다는 것이다. 이는 성경의 일관된 가르침이자 분명하고 명쾌한 말씀이다.

> (요 15:3-6) "너희는 내가 일러 준 말로 이미 깨끗하였으니 내 안에 거하라 나도 너희 안에 거하리라 가지가 포도나무에 붙어 있지 아니하면 절로 과실을 맺을 수 없음같이 너희도 내 안에 있지 아니하면 그러하리라 나는 포도나무요 너희는 가지니 저가 내 안에, 내가 저 안에 있으면 이 사람은 과실을 많이 맺나니 나를 떠나서는 너희가 아무것도 할 수 없음이라 사람이 내 안에 거하지 아니하면 가지처럼 밖에 버리워 말라지나니 사람들이 이것을 모아다가 불에 던져 사르느니라"

예수님의 말씀으로 깨끗해진 가지는 누구인가? 분명히 거듭난 그리스도인들이다. 거듭난 그리스도인들도 각자의 의지로 포도나무에 붙어 있을 수도 있고 떨어질 수도 있다는 의미로서 거듭난 이후에도 믿음에 관한 자유 의지가 각자에게 여전히 있음을 의미한다. 또한 주님 안에 거하지 아니하면 말라지게 되어 있고 그 결과 불에 던져지게 되어 있다고 분명하게 말씀하고 계신다. 혹자는 불에 던져질 가지들은 처음부터 올바른 믿음이 아니었다고 하는데 본문이나 전체적인 문맥에서 그것을 입증할 만한 아무런 근거도 찾을 수 없다.

> (롬 11:20-23) "옳도다 저희는 믿지 아니하므로 꺾이우고 너는 믿으므로 섰느니라 높은 마음을 품지 말고 도리어 두려워하

라 하나님이 원가지들도 아끼지 아니하셨은즉 너도 아끼지 아니하시리라 그러므로 하나님의 인자와 엄위를보라 넘어지는 자들에게는 엄위가 있으니 너희가 만일 하나님의 인자에 거하면 그 인자가 너희에게 있으리라 그렇지 않으면 너도 찍히는 바 되리라 저희도 믿지 아니하는데 거하지 아니하면 접붙임을 얻으리니 이는 저희를 접붙이실 능력이 하나님께 있음이라"

로마서 9-11장은 복음과 이스라엘과 관계에 대하여 설명하고 있기 때문에 전체적으로 민족적인 측면에서 설명하고 있으나 동시에 당시 로마의 그리스도인들에게 적용할 수 있는 개인적인 교훈을 이끌고 있다. "그렇지 않으면 너도 찍히는 바 되리라"에서 "너도"가 가리키는 것은 이스라엘이 아니라 바로 본서의 수신자들인 로마의 그리스도인임은 너무나도 명확한 사실이다. 거듭난 그리스도인이라 할지라도 믿음에 거하지 않는다면 찍힘을 받는다는 분명한 경고의 말씀이다.

(갈 5:4) "율법 안에서 의롭다 함을 얻으려 하는 너희는 그리스도에게서 끊어지고 은혜에서 떨어진 자로다."

갈라디아서는 갈라디아 교회에 율법주의가 들어와 많은 그리스도인들이 미혹되었을 때, 그들을 교리적으로 교정하기 위해 바울이 쓴 글이다. 한때 성령을 받고(갈 3:2) 그리스도로 인해 자유함을 얻고(갈 5:1) 진리에 잘 순종하던 사람들(갈 5:7)이 예수님에 대한 믿음으로 얻는 의롭다 함을 저버리고 율법주의로 돌아갈 경우, 그리스도에게서 끊어지고 은혜에서 떨어진다고 하였다. 또한 바울은 갈라디아 성도들이 믿음을 통해 거듭날 수 있도록 수고했던 장본인이었는데 그 수고가 헛될까 두려워한다고 했다.

> (갈 4:9-11) "이제는 너희가 하나님을 알뿐더러 하나님의 아신 바 되었거늘 어찌하여 다시 약하고 천한 초등 학문으로 돌아가서 다시 저희에게 종노릇하려 하느냐 너희가 날과 달과 절기와 해를 삼가 지키니 내가 <u>너희를 위하여 수고한 것이 헛될까 두려워하노라</u>"

그리고 그들을 위하여 다시 해산하는 수고를 하는 바울. 다시 해산해야 한다는 의미는 무엇인가?

> (갈 4:19) "나의 자녀들아 너희 속에 그리스도의 형상이 이루기까지 <u>다시 너희를 위하여 해산하는 수고를 하노니</u>"

첫째로는 그들은 이미 해산되었던 적이 있었다는 뜻이고 둘째로는 그 첫 번째 해산이 무의미해졌다는 뜻이다. 그리고 만일 한 번 거듭난 성도가 율법주의로 다시 돌아가서 그리스도의 공로만을 온전히 의지하지 못하게 되었다면(예를 들면, 예수님의 피로는 부족하다고 믿게 되었다면) 그들의 거듭남은 어떻게 되겠는가?

위의 말씀 외에도 신약에는 수없이 많은 배도에 관한 경고가 기록되어 있다.

(딤전 1:19) "믿음과 착한 양심을 가지라 어떤 이들이 이 양심을 버렸고 그 믿음에 관하여는 파선하였느니라"

(딤전 4:1) "그러나 성령이 밝히 말씀하시기를 후일에 어떤 사람들이 믿음에서 떠나 미혹케 하는 영과 귀신의 가르침을 좇으리라 하셨으니"

(딤전 5:11-15) "젊은 과부는 거절하라 이는 정욕으로 그리스도를 배반할 때에 시집가고자 함이니 처음 믿음을 저버렸으므로 심판을 받느니라… 이미 사단에게 돌아간 자들도 있도다"

(딤전 6:10) "돈을 사랑함이 일만 악의 뿌리가 되나니 이것을 사모하는 자들이 미혹을 받아 믿음에서 떠나 많은 근심으로써 자기를 찔렀도다"

(벧후 2:20-22) "만일 저희가 우리 주 되신 구주 예수 그리스도를 앎으로 세상의 더러움을 피한 후에 다시 그중에 얽매이고 지면 그 나중 형편이 처음보다 더 심하리니 의의 도를 안 후에 받은 거룩한 명령을 저버리는 것보다 알지 못하는 것이 도리어 저희에게 나으니라 참 속담에 이르기를 개가 그 토하였던 것에 돌아가고 돼지가 씻었다가 더러운 구덩이에 도로 누웠다 하는 말이 저희에게 응하였도다"

(벧후 3:17) "그러므로 사랑하는 자들아 너희가 이것을 미리 알았은즉 무법한 자들의 미혹에 이끌려 너희 <u>굳센 데서 떨어질까 삼가라</u>"

영생의 보장에 대한 오해

(요 10:28-29) "내가 저희에게 영생을 주노니 영원히 멸망치 아니할 터이요 또 저희를 내 손에서 빼앗을 자가 없느니라 저희를 주신 내 아버지는 만유보다 크시매 아무도 아버지 손에서 빼앗을 수 없느니라"

본 절은 한 번 거듭나면 결코 잃어지지 않는다고 믿는 사람들이 가장 많이 인용하는 성경 구절이다. "영원히 멸망치 아니할 것"이라는 표현 때문에 발생한 대표적인 오해이다. 이제 이 오해에 대하여 생각해 보자.

예를 들어, 한 나라의 왕자가 한 여인에게 "나의 청혼을 받아 준다면 당신은 영원히 나의 아내가 될 것이며 어느 누구도 우리의 관계를 끊을 수 없을 것이오"라고 말했다면 이는 왕을 아버지로 둔 왕자로서의 신용과 능력을 약속하는 것으로서 만일 여인이 왕자의 청혼을 받아들인다면 왕자의 약속은 틀림없이 지켜질 것이다. 그러나 만일 왕자의 청혼을 수락한 여인이 결혼 전에 변심하여 그녀가 스스로 왕자와의 결혼을 포기한다면 어떻게 될까? 왕자의 신용과 능력이 아무리 확고하고 절대적이라 하더라도 그 약속은 의미가 없어질 것이라는 것은 너무나도 당연하지 않은가?

영생의 약속에 있어서도 마찬가지이다. 믿음으로 의롭다 함을 받는 것은 예수님의 청혼을 수락하는 것과 같다. 그리고 예수님께서 청혼을 받아들인 사람들에게 영원한 생명을 약속하신 것이다. 하나님께서는 식언치 아니하시고 하신 말씀은 반드시 지키신다는 것은 두말할 것도 없는 진리이다. (민 23:19) 그런데 앞서 배운 대로 약속된 영생의 효력은 마지막 날에 시작되는데 만일 마지막 날이 이르기 전에 믿음을 저버린다면 즉, 예수님과의 약혼을 저버린다면 마지막 날에 있을 결혼식에 참여할 수도 없고 또 영생에 이를 수 없게 되는 것은 당연지사이다. 한마디로 약속을 스스로 저버리는 자들에게는 아무리 단호한 약속이라 하더라도 의미가 없는 것이다.

과거 이스라엘의 역사 속에서도 하나님의 맹약이 무효화될 수 있었는데 그 요인은 바로 약속했던 대상, 즉 이스라엘의 불신과 배신이었다. 아래의 구절들은 가나안 입성 전에 이스라엘 민족에게 하셨던 하나님의 신실하신 약속이었지만 그들의 불신으로 의미가 없어진 사례이다.

> (신 31:6) "너는 마음을 강하게 하고 담대히 하라 그들을 두려워 말라 그들 앞에서 떨지 말라 이는 네 하나님 여호와 그가 너와 함께 행하실 것임이라 반드시 너를 떠나지 아니하시며 버리지 아니하시리라 하고"

> (민 14:30) "여분네의 아들 갈렙과 눈의 아들 여호수아 외에는 내가 맹세하여 너희로 거하게 하리라 한 땅에 결단코 들어가지 못하리라"

가나안 입성 이후에도 하나님께서는 이스라엘 민족에게 아래의 구절들과 같은 영원한 구원의 약속들을 하셨다.

(사 45:17) "이스라엘은 여호와께 구원을 입어 영원한 구원을 얻으리니 영세에 부끄러움을 당하거나 욕을 받지 아니하리로다"

(사 51:6) "너희는 하늘로 눈을 들며 그 아래의 땅을 살피라 하늘이 연기같이 사라지고 땅이 옷같이 해어지며 거기 거한 자들이 하루살이같이 죽으려니와 나의 구원은 영원히 있고 나의 의는 폐하여지지 아니하리라"

그러나 이와 같은 영원한 구원의 약속들은 이스라엘 민족의 불순종, 우상 숭배 그리고 그들의 배신으로 번번이 무의미해졌고 결국 하나님께서는 그들을 이민족의 손에 맡기신 적이 한두 번이 아니다. 아래의 구절들에서 하나님의 약속과 함께 주어진 조건들 즉, 영원한 보호를 받기 위한 그들의 책임을 확인해 보라. 또한 그들이 불순종했을 때의 그 결과들을 확인해 보라.

(시 89:28-32) "저를 위하여 나의 인자함을 영구히 지키고 저로 더불어한 나의 언약을 굳게 세우며 또 그 후손을 영구케 하여 그 위를 하늘의 날과 같게 하리로다… 만일 그 자손이 내 법을 버리며 내 규례대로 행치 아니하며 내 율례를 파하며 내 계명을 지키지 아니하면 내가 지팡이로 저희 범과를 다스리며 채찍으로 저희 죄악을 징책하리로다…"

(시 89:37-45) "또 궁창의 확실한 증인 달같이 영원히 견고케 되리라 하셨도다(셀라) … 그러나 주께서 주의 기름부음 받은 자를 노하사 물리쳐 버리셨으며… 그 소년의 날을 단축케 하시고 저를 수치로 덮으셨나이다(셀라)"

요한복음 10장 28-29절과 함께 '한 번 거듭난 사람은 결코 다시 잃어지지 않고 무조건적으로 보호된다'고 믿는 또 하나의 대표적 근거 구절이 로마서 8장 38-39절이다.

(롬 8:38-39) "내가 확신하노니 사망이나 생명이나 천사들이나 권세자들이나 현재 일이나 장래 일이나 능력이나 높음이나 깊음이나 다른 아무 피조물이라도 우리를 우리 주 그리스도 예수 안에 있는 하나님의 사랑에서 끊을 수 없으리라"

앞서 이미 설명한 것처럼 하나님의 사랑과 보호의 약속은 결코 변하지 않지만 보호 대상자가 스스로 하나님의 사랑을 부인하거나 배신하는 경우에는 아무리 강한 어조의 약속이라 하더라도 그 약속은 의미도 없어지고 약속의 효과도 사라진다.

그런데 본 구절에서는 한 가지 더 기억해야 할 것이 있다. 그것은 대부분의 이와 같은 강한 어조의 보호의 약속은 무거운 명령이 선행된다는 것이다. 예를 들면, 본 구절에 앞서 로마서 8장 12절에서 17절까지에서는 로마의 그리스도인들에게 "육신대로 살면 반드시 죽을 것이니 영으로써 몸의 행실을 죽일 것"과 "장차 받을 영광을 위해 현재의 고난이 불가피함"을 말했다. 이와 같은 무거운 말씀이 성도들에겐 상당한 부담이었을 것이다. 이와 같이 거듭난 그리스도 인으로서 생활하는 것에 무거운 부담감을 가지고 있는 성도들에게 믿음과 용기를 잃지 않도록 힘을 북돋아 줄 필요가 있었다. 그래서 하나님의 자녀들을 위해 성령께서도 말할 수 없는 탄식으로 간구 하심으로써 성도들의 연약함을 돕고 계시며 또 아들을 내어 주셨 던 하나님께서도 더 많은 은사를 허락하셔서 위협과 환란으로부터 자녀들을 지키실 것이라는 격려의 말을 하고 있는 것이다. 한마디 로 이와 같이 특별하게 강조된 보호의 약속은 무조건적이고 절대 적인 보호의 약속이 아니라 선행하는 무거운 책임이나 명령에 대 한 위로와 격려 차원의 말씀이라는 것이다.

이와 비슷한 또 하나의 예를 든다면 마태복음 10장 28절부터 31 절까지의 말씀이다. 이 말씀도 예수님의 제자들을 향한 강한 보호 의 약속인데 이 구절 역시 선행하는 22절을 보면 무거운 명령이 먼 저 주어졌음을 알 수 있다.

> (마 10:22) "또 너희가 내 이름을 인하여 모든 사람에게 미움을 받을 것이나 나중까지 견디는 자는 구원을 얻으리라"

위와 같은 말씀을 들으면 아무리 거듭난 사람들이라 하더라도 연약한 인간으로서 먼저 큰 부담으로 느낄 수밖에 없다. 이와 같은 제자들의 연약함을 아시고 그들이 두려워하거나 뒤로 물러서지 않 도록 격려하기 위해 예수님께서 든든한 보호의 말씀을 바로 덧붙이신 것이다.

> (마 10:28-31) "몸은 죽여도 영혼은 능히 죽이지 못하는 자들
> 을 두려워하지 말고 오직 몸과 영혼을 능히 지옥에 멸하시는
> 자를 두려워하라 참새 두 마리가 한 앗사리온에 팔리는 것이
> 아니냐 그러나 너희 아버지께서 허락지 아니하시면 그 하나
> 라도 땅에 떨어지지 아니하리라 너희에게는 머리털까지 다 세
> 신 바 되었나니 두려워하지 말라 너희는 많은 참새보다 귀하
> 니라"

결국 이러한 구절들을 해석할 때 앞뒤의 문맥을 잘 살피지 않으면 오류에 빠질 수 있다. 선행하는 명령에 주목하지 않고 뒷부분의 격려의 말씀만 취하여 "무조적인 보호"를 약속하는 것처럼 해석하는 것이 문제이다. 이와 같은 보호의 약속들 앞에는 "육신대로 살면 반드시 죽을 것이니"와 "나중까지 견디는 자는 구원을 얻으리라"와 같은 조건의 말씀이 선행하고 있음을 기억해야 한다. 그리고 하나님의 영원한 구원의 약속에도 항상 조건이 있었음을 기억해야 한다.

하나님께서는 우리에게 자유 의지를 주셨고 거듭난 후에도 그것을 취해 가신 적이 없다. 여전히 존재하는 자유 의지로 믿음을 지키라는 명령을 받았다. 구원과 영생을 보장하시는 조건으로서 제시된 단어들은 주로 hold fast(굳게 잡으라, 굳게 지키라), steadfast(확고한), continue(계속하라, 거하라), endure(참으라), stand fast(굳게 서라), patient(인내하라)와 같은 것들인데 대부분이 권유형, 청유형 혹

은 명령형으로 되어 있다. 구원 혹은 영생과 관련된 위와 같은 명령들은 신약 전체에 셀 수 없이 많다. (마 10:22, 13:21, 24:13, 막 4:17, 13:13, 눅 8:15, 눅 21:9, 요 6:27, 행 14:22, 롬 2:7, 롬 5:2, 고전 15:2, 고전 16:13, 골 1:23, 살후 1:4, 딤전 2:15, 딤후 2:12, 히 3:6, 4:14, 히 6:12-15, 히 10:23, 히 10:36, 약 1:12, 약 5:7-8, 계 2:13, 2:25, 3:3, 계 14:12….)

믿음을 끝까지 지켜야 영생을 얻을 수 있다고 말하고 있는 대표적인 몇몇 구절들을 직접 확인해 보라.

(골 1:21-23) "전에 악한 행실로 멀리 떠나 마음으로 원수가 되었던 너희를 이제는 그의 육체의 죽음으로 말미암아 화목케 하사 너희를 거룩하고 흠 없고 책망할 것이 없는 자로 그 앞에 세우고자 하셨으니 만일 너희가 믿음에 거하고 터 위에 굳게 서서 너희 들은 바 복음의 소망에서 흔들리지 아니하면 그리하리라 이 복음은 천하 만민에게 전파된 바요 나 바울은 이 복음의 일꾼이 되었노라"

(히 3:6) "그리스도는 그의 집 맡은 아들로 충성하였으니 우리가 소망의 담대함과 자랑을 끝까지 견고히 잡으면 그의 집이라"

(히 3:14) "우리가 시작할 때에 확실한 것을 끝까지 견고히 잡으면 그리스도와 함께 참예한자가되리라"

(벧후 1:10-11) "그러므로 형제들아 더욱 힘써 너희 부르심과 택하심을 굳게 하라 너희가 이것을 행한즉 언제든지 실족지 아

니하리라 이같이 하면 우리 주 곧 구주 예수 그리스도의 영원한 나라에 들어감을 넉넉히 너희에게 주시리라"

(요일 2:24-25) "너희는 처음부터 들은 것을 너희 안에 거하게 하라 처음부터 들은 것이 너희 안에 거하면 너희가 아들의 안과 아버지의 안에 거하리라 그가 우리에게 약속하신 약속이 이것이니 곧 영원한 생명이니라"

(유 1:20-21) "사랑하는 자들아 너희는 너희의 지극히 거룩한 믿음 위에 자기를 건축하며 성령으로 기도하며 하나님의 사랑 안에서 자기를 지키며 영생에 이르도록 우리 주 예수 그리스도의 긍휼을 기다리라"

(계 2:10) "네가 장차 받을 고난을 두려워 말라 볼지어다 마귀가 장차 너희 가운데서 몇 사람을 옥에 던져 시험을 받게 하리니 너희가 십 일 동안 환난을 받으리라 네가 죽도록 충성하라 그리하면 내가 생명의 면류관을 네게 주리라"

(계 2:11) "귀 있는 자는 성령이 교회들에 하시는 말씀을 들을지어다 이기는 자는 둘째 사망의 해를 받지 아니하리라"

주님과의 결혼식이 될 영화의 구원은 아직 이루어지지 않았다. 영화에 이르기 위해서는 믿음을 끝까지 지키는 길밖에 없다. 믿음 즉, 마음을 지키는 것은 결혼을 앞둔 신부로서의 마땅한 도리이자 주어진 명령이지 무조건적인 보장 사항이 결코 아님을 기억하자.

바울이 가르쳤던 믿음

사도 바울은 칭의와 관련하여 아브라함의 믿음을 세 번이나 인용했는데(롬 4장, 갈 3장, 히 11장) 이는 의롭다 함을 받은 것이 율법의 행위가 아닌 오직 믿음으로 가능함을 강조하기 위한 것이다. 그렇다면 아브라함이 보여 준 믿음은 어떤 것이었나? 특정한 사실에 대한 일회적인 깨달음이었나? 그렇지 않다. 아브라함이 의롭다 함을 받은 것은 유일한 구원자이신 하나님을 온전히 의지했기 때문이다. 그리고 그의 믿음은 의롭다 함을 받은 이후에도 이삭을 통해 테스트 되기도 했던 것처럼 일회적인 것이 아닌 지속적인 것이어야 했다.

또 바울은 "의인은 믿음으로 말미암아 살리라(합 2:4)"라는 선지자 하박국에게 하신 하나님의 말씀도 역시 신약에서 세 번 인용했다.

> (롬 1:17) "복음에는 하나님의 의가 나타나서 믿음으로 믿음에 이르게 하나니 기록된바 오직 의인은 믿음으로 말미암아 살리라 함과 같으니라"

> (갈 3:11) "또 하나님 앞에서 아무나 율법으로 말미암아 의롭게 되지 못할 것이 분명하니 이는 의인이 믿음으로 살리라 하였음이니라"

(히 10:36-39) "너희에게 인내가 필요함은 너희가 하나님의 뜻을 행한 후에 약속을 받기 위함이라. 잠시 잠간 후면 오실 이가 오시리니 지체하지 아니하시리라. 오직 나의 의인은 믿음으로 말미암아 살리라 또한 뒤로 물러가면 내 마음이 저를 기뻐하지 아니하리라 하셨느니라. 우리는 뒤로 물러가 침륜에 빠질 자가 아니요 오직 영혼을 구원함에 이르는 믿음을 가진 자니라."

위의 구절들을 통해서 믿음에 관련된 하나님의 직접적인 말씀을 인용했던 바울의 의도를 알 수 있고 또한 그가 설명하고자 하는 믿음의 본질에 대해서도 알 수 있다. 우선 행위(율법)의 반대의 개념으로서 믿음을 강조하고 있음을 알 수 있다. 그러나 그것이 그가 알려 주고자 했던 믿음의 전부가 아니다. 그가 가르쳐 주고 있는 믿음은 특정 사실에 대한 일회적인 깨달음이 아닌 하나님에 대한 지속적인 신뢰 혹은 의탁이라는 것인데 이와 같은 사실은 히브리서 10장의 인용에서 더욱 잘 드러난다. 하박국서의 원문에서도 선지자 하박국이 패역한 유다 모습과 또 그에 대한 하나님의 징계 계획에 대하여 이해하지 못하고 있을 때, 이미 하나님의 사람인 선지자 하박국에게 의인으로서 여호와 하나님만을 전적으로 의지하라고 말씀하신 것이지 어떤 특정 사실에 대한 일회적인 깨달음으로서의 믿음을 말씀하신 것이 아님을 확인할 수 있다.

사도 바울은 단순히 행위의 반대 개념으로서의 믿음만을 설명하기 위해 하나님의 말씀을 대충 인용한 것이 아니었다. 구약에 정통

했던 그는 영원한 생명에 이르기 위해서는 의. 탁. 하. 는. 믿음이지. 속. 적. 으로 요구된다는 것을 정확하게 알고 있었고 성령의 감동으로 구약의 말씀을 일관되게 그리고 적절하게 신약에서 반복적으로 인용한 것이다. 아브라함의 믿음과 하나님께서 하박국에게 가르치셨던 믿음이 오늘날에도 여전히 믿음의 올바른 모델이 되고 있다는 사실은 시대와 상관없이 모든 사람들에게 동일하게 적용되는 믿음의 진정한 요건이 어떤 것인지를 가르쳐 주고 있다 하겠다.

사도 바울은 다른 사람들에게만 "구원을 이루라"라고 권고하신 것이 아니라 자신의 구원에 문제에 있어서도 동일한 맥락으로 말하고 있다. 그는 이미 거듭났음에도 불구하고 처음 믿을 때의 한 번의 믿음으로 부활의 약속까지 얻었다고 여기지 않았다. 오히려 부활에 이르려고 즉, 영화의 구원에 이르기 위해 애쓰고 있음을 아래의 말씀에서 확인할 수 있다.

> (빌 3:10-12) "내가 그리스도와 그 부활의 권능과 그 고난에 참예함을 알려 하여 그의 죽으심을 본받아 어찌하든지 죽은 자 가운데서 부활에 이르려 하노니 내가 이미 얻었다 함도 아니요 온전히 이루었다 함도 아니라 오직 내가 그리스도 예수께 잡힌 바된 그것을 잡으려고 쫓아가노라"

또한 사도 바울은 자신이 다른 사람들의 영혼을 살리는 데 쓰임을 받고 있는 상태일지라도 자신도 얼마든지 다시 잃어질 수 있다고 인정하고 있다.

> (고전 9:27) "내가 내 몸을 쳐 복종하게 함은 내가 남에게 전파
> 한 후에 자기가 도리어 버림이 될까 두려워함이로라"

　혹자는 상기 구절의 "버림이 된다"라는 말씀을 "상급을 받을 자
격이 상실되는 것"으로 심각성을 낮추어 잘못 해석하기도 한다. 버
림이 된다는 영어 번역이 NKJV에는 disqualified로 되어 있어서
이런 오해를 하는 것 같다. 그러나 KJV에서는 castaway라고 되어
있어서 한글 번역과 일치한다. 그뿐만 아니라 원어인 헬라어로는
αδοκιμος로서 고린도후서 13장 5절에서의 "버리운 자"와 정확히 같
은 단어가 사용되고 있는데 이 구절에서의 "버리운 자"의 의미는 분
명히 "예수님과는 관계가 없는 혹은 없어진 자"이다.

> (고후 13:5) "너희가 믿음에 있는가 너희 자신을 시험하고 너희
> 자신을 확증하라 예수 그리스도께서 너희 안에 계신 줄을 너
> 희가 스스로 알지 못하느냐 그렇지 않으면 너희가 버리운 자
> 니라"

　그런가 하면 또 사도 바울의 선교 여행의 특징 중 하나는 한 번
복음을 전했던 곳을 다시 찾아가 그들의 믿음을 격려하는 것이었
다. 만일 한 번 믿음으로 거듭난 뒤 절대 다시 잃어지는 일이 없다
면 이미 거듭난 사람들에게 말씀을 전하는 것보다 새로운 영혼들

을 찾아가 복음을 전하는 것이 훨씬 효율적이었을 것이다. 그러나 바울은 이미 거듭난 이들을 찾아가 그들의 믿음을 돌아보는 것을 결코 게을리하지 않았다. (행 15:36) 또 이미 거듭난 그리스도인들에게도 복음을 다시금 전하고자 했다. (롬 1:15) 그리고 아래의 구절에서 보듯 그는 성도들에게 하나님 나라에 들어가기 위해서 환난을 이겨 낼 수 있도록 믿음에 거하라고 권했다. 이것이 바로 바울이 가르쳤던 믿음이다.

> (행 14:21-22) "복음을 그 성에서 전하여 많은 사람을 제자로 삼고 루스드라와 이고니온과 안디옥으로 돌아가서 제자들의 마음을 굳게 하여 이 믿음에 거하라 권하고 또 우리가 하나님 나라에 들어가려면 많은 환난을 겪어야 할 것이라 하고"

잃어졌던 구약의 그림자들

① 홍해를 건넌 이스라엘 백성

(고전 10:1-10) "형제들아 너희가 알지 못하기를 내가 원치 아니하노니 우리 조상들이 다 구름 아래 있고 바다 가운데로 지나며 모세에게 속하여 다 구름과 바다에서 세례를 받고 다 같은 신령한 식물을 먹으며 다 같은 신령한 음료를 마셨으니 이는 저희를 따르는 신령한 반석으로부터 마셨으매 그 반석은 곧 그리스도시라 그러나 저희의 다수를 하나님이 기뻐하지 아니하신 고로 저희가 광야에서 멸망을 받았느니라 그런 일은 우리의 거울이 되어 우리로 하여금 저희가 악을 즐겨한 것 같이 즐겨하는 자가 되지 않게 하려 함이니 저희 중에 어떤 이들과 같이 너희는 우상 숭배하는 자가 되지 말라 기록된 바 백성이 앉아서 먹고 마시며 일어나서 뛰논다 함과 같으니라 저희 중에 어떤 이들이 간음하다가 하루에 이만 삼천 명이 죽었나니 우리는 저희와 같이 간음하지 말자 저희 중에 어떤 이들이 주를 시험하다가 뱀에게 멸망하였나니 우리는 저희와 같이 시험하지 말자 저희 중에 어떤 이들이 원망하다가 멸망시키는 자에게 멸망하였나니 너희는 저희와 같이 원망하지 말라"

홍해를 건너는 것은 거듭남의 그림자라는 것은 기독교인들에게 익히 잘 알려진 사실이다. 홍해를 통과하는 것은 침례의 그림자이며(고전 10:2) 그들은 그리스도로부터 나오는 생수도 마셨다. (고전 10:4) 그러나 이러한 경험을 했음에도 그들은 모두(여호수아와 갈렙과 아이들은 제외) 광야에서 멸망당했다. 성경은 그 이유를 우상 숭배, 간음, 주를 시험함 그리고 원망으로 기록하고 있다. 이런 것들이 원인이 되어 하나님을 배반하고 하나님에 대한 믿음을 저버렸다는 의미이다. 이와 비슷한 말씀이 성경의 다른 곳에도 기록되어 있다.

> (히 3:17-4:1) "또 하나님이 사십 년 동안에 누구에게 노하셨느뇨 … 그러므로 우리는 두려워할지니 그의 안식에 들어갈 약속이 남아 있을지라도 너희 중에 혹 미치지 못할 자가 있을까 함이라"

마치 거듭난 사람에게 천국의 안식이 약속된 것처럼 홍해를 건너고 출애굽한 이스라엘 민족에게는 가나안에서의 안식이 약속되어 있었다. 여기서 주의해야 할 것은 성경은 가나안 땅에서의 삶이 곧 천국의 삶의 모형이라고는 말하고 있지 않다는 것이다. 단지 이스라엘 민족이 약속된 땅으로 들어가는 과정이 거듭난 이들이 약속된 천국으로 들어가는 모형이 된다는 뜻이다. 하지만 약속이 남아 있다 할지라도 미치지 못할 자가 있다고 말씀하셨고 그 본보기가 바로 광야에서 멸망한 이스라엘 민족들이다. 또 유다서에는 분명히 이스라엘 민족이 애굽에서는 구원받았다고 되어 있다. 그러나

"후에" 다시 말해서 "애굽에서 구원받은 후"에 믿지 아니하는 자들을 멸하셨다고 분명히 기록하고 있다.

> (유 1:5) "너희가 본래 범사를 알았으나 내가 너희로 다시 생각 나게 하고자 하노라 주께서 백성을 애굽에서 구원하여 내시고 <u>후에</u> 믿지 아니하는 자들을 멸하셨으며"

이와 같이 출애굽 후 광야에서 멸망한 이스라엘 민족들은 거듭난 후에도 얼마든지 그들의 불신으로 인하여 멸망당할 수 있다는 것을 우리에게 일깨워 주고 있다.

② 도피성

> (민 35:22-28) "원한 없이 우연히 사람을 밀치거나 기회를 엿봄이 없이 무엇을 던지거나 보지 못하고 사람을 죽일 만한 돌을 던져서 죽였다 하자 이는 원한도 없고 해하려 한 것도 아닌즉 회중이 친 자와 피를 보수하는 자 간에 이 규례대로 판결하여 피를 보수하는 자의 손에서 살인자를 건져 내어 그가 피하였던 도피성으로 돌려보낼 것이요 그는 거룩한 기름 부음을 받은 대제사장의 죽기까지 거기 거할 것이니라 그러나 살인자가 어느 때든지 그 피하였던 도피성 지경 밖에 나갔다 하자 피를 보수하는 자가 도피성 지경 밖에서 그 살인자를 만나 죽일지라도 위하여 피 흘린 죄가 없나니 <u>이는 살인자가 대제사장</u>

의 죽기까지 그 도피성에 유하였을 것임이라 대제사장의 죽은 후에는 그 살인자가 자기의 산업의 땅으로 돌아갈 수 있느니라"

구약 시대에 이스라엘 지경 내에 지정했던 6곳의 도피성은 그리스도를 통한 구원받음의 대표적인 모형 중에 하나이다. 고살(故殺)이 아닌 살인을 저지를 경우 도피성에 거하면 보수자로부터 목숨을 보호받을 수 있었다. 그러나 거기에는 한 가지의 분명한 조건이 있었다. 정해진 기간 동안(재판을 받기 전까지 혹은 대제사장의 생존 기간 동안) 도피성에 계속 머물러야 한다. 만일, 스스로 도피성에서 나갈 경우, 보호의 약속이 다시 무의미해지고 언제든지 보수자로 인하여 목숨을 잃을 수 있었다.

③ 솔로몬의 배도

하나님을 전적으로 의지하고 하나님께로부터 가장 뛰어난 지혜를 받았던 솔로몬은 어떻게 우상 숭배에 빠질 수 있었을까? 성령의 영감으로 구원의 그림자와 올바른 믿음에 관한 많은 잠언을 기록했던 솔로몬. 안타깝게도 그의 이름은 히브리서 11장에서 찾아볼 수 없다. 모든 믿음의 선진들의 이름들이 기록된 것은 아니지만 동시대의 인물들인 다윗과 사무엘의 이름은 기록되어 있는 반면 솔로몬의 이름이 기록되지 않을 것을 통해 히브리서의 기자는 그를 믿음의 사람으로 여길 수 없었던 것 같다. 그가 일시적인 실수로 우상 숭배를 한 후 돌이켜 여호와께 대한 믿음을 회복했었다면 다행이었겠지만 안타깝게도 배도 후 그의 돌이킴에 대한 기록은 찾아볼 수 없다. 그의 최후의 구원 여부에 대하여는 함부로 말하지 않겠다. 그러나 이방 신들에게로 마음을 돌이키게 할 수 있는 아내를 많이 두지 말라고(신 17:17) 하셨던 하나님의 경고의 말씀에 지속적으로 불순종했다는 점과 그 결과 말년에 이르러서는 경고의 말씀대로 배교에 빠지고 말았다는 것은 분명한 사실이다. 그리고 그가 하나님을 버리고 끝까지 돌이키지 않을 경우, 그에 대한 하나님의 처벌은 더욱 분명하게 경고하신 바 있다.

> (대상 28:9) "내 아들 솔로몬아 너는 네 아비의 하나님을 알고 온전한 마음과 기쁜 뜻으로 섬길지어다 여호와께서는 뭇 마음을 감찰하사 모든 사상을 아시나니 네가 저를 찾으면 만날 것이요 버리면 저가 너를 영원히 버리시리라"

④ 소돔성을 탈출한 롯의 처

> (눅 17:30-35) "인자의 나타나는 날에도 이러하리라 그날에 만일 사람이 지붕 위에 있고 그 세간이 집 안에 있으면 그것을 가지러 내려오지 말 것이요 밭에 있는 자도 이와 같이 뒤로 돌이키지 말 것이니라 롯의 처를 생각하라 무릇 자기 목숨을 보존하고자 하는 자는 잃을 것이요 잃는 자는 살리리라 내가

너희에게 이르노니 그 밤에 두 남자가 한자리에 누워 있으매 하나는 데려감을 당하고 하나는 버려둠을 당할 것이요 두 여자가 함께 매를 갈고 있으매 하나는 데려감을 당하고 하나는 버려둠을 당할 것이니라"

롯의 가족들의 소돔성으로부터 탈출은 분명한 구원받음의 그림자이다. 뒤돌아봄으로 소금 기둥이 된 것은 오늘날까지도 잠깐 동안의 믿음 즉, 인내를 통해 영화에 이르지 못하고 도중에 멸망한 대표적인 본보기가 되어 오고 있다.

4장

★

생길 수 있는
질문들

★

아들의 지위가 다시 상실될 수 있을까?

죄를 지으면 다시 잃어진다는 말인가?

예수님의 중보 기도는 효력이 없는가?

생명책의 기록과 성령의 인침이 취소되는가?

보증으로 성령을 주신 것 아닌가?

노아의 방주는 거듭남의 모형이 아닌가?

믿음의 파선을 어떻게 알 수 있나?

믿음을 지키는 것이 사람의 능력에 달려 있나?

잃어진 후에도 다시 회복될 수 있는가?

다시 잃어질 수 있다고 가르치는 교단이 있나?

"하나님이 원 가지들도 아끼지 아니하셨은즉
너도 아끼지 아니하시리라"
(롬 11:21)

아들의 지위가 다시 상실될 수 있을까?

앞서 3장에서 칭의의 상태를 설명할 때 이미 말한 것처럼 믿음으로 의롭다 함을 받았다면 하나님의 아들로 인정된 것도 맞고 양자의 영을 받은 것도 맞다. 그러나 이는 하나님의 양자권을 미리 약속받은 것뿐이지 아직은 하나님의 자녀로서 영화롭게 변화된 것도, 완벽한 삶을 사는 것도 아니라는 것을 기억해야 한다.

(고후 6:18-7:1) "너희에게 아버지가 되고 너희는 내게 자녀가 되리라 전능하신 주의 말씀이니라 하셨느니라 그런즉 사랑하는 자들아 이 약속을 가진 우리가 하나님을 두려워하는 가운데서 거룩함을 온전히 이루어 육과 영의 온갖 더러운 것에서 자신을 깨끗게 하자"

마지막 날의 구원 즉, 영화 이후에는 다시는 취소하거나 돌이킬 수 없는 완전한 모습의 하나님의 자녀가 되어 있을 것이다. 그러나 영화 이전에는 아직 양자로서의 지위만 인정받을 뿐이지 그 지위가 우리의 믿음의 변질과 상관없이 무조건 보장되는 것이 결코 아니다.

(롬 8:12-17) "그러므로 형제들아 우리가 빚진 자로되 육신에게져서 육신대로 살 것이 아니니라 너희가 육신대로 살면 반드시 죽을 것이로되 영으로써 몸의 행실을 죽이면 살리니 무릇

하나님의 영으로 인도함을 받는 그들은 곧 하나님의 아들이
라 너희는 다시 무서워하는 종의 영을 받지 아니하였고 양자
의 영을 받았으므로 아바 아버지라 부르짖느니라 성령이 친
히 우리 영으로 더불어 우리가 하나님의 자녀인 것을 증거하
시나니 자녀이면 또한 후사 곧 하나님의 후사요 그리스도와
함께한 후사니 우리가 그와 함께 영광을 받기 위하여 고난도
함께 받아야 할 것이니라"

양자의 영이 언급된 위의 앞뒤 구절들(사실은 8장 전체)을 잘 살펴
보면 바울이 로마의 성도들에게 진정으로 말하고자 하는 바를 알
수 있는데 그것은 "양자의 영을 받았으니 절대 잃어지지 않을 것이
니 걱정 없이 평강 가운데 살라"가 아니라 "양자라면 고난을 피할
수 없는데 어떠한 악조건에서도 아버지께서 반드시 지켜 주실 것이
니(31, 35, 37-39절) 육신대로 살지 말고 진정한 하나님의 아들로서
성령의 인도대로 살아야 한다. 그렇지 않고 육신대로 살면 반드시
죽을 것이다."이다.

그뿐만 아니라, 양자 됨과 관련하여 로마서를 통해 확인할 수 있
는 또 하나의 예시는 이스라엘이 양자 됨을 먼저 얻었음에도 다시
잃어졌다는 것이다.

(롬 9:4) "저희는 이스라엘 사람이라 저희에게는 양자 됨과 영
광과 언약들과 율법을 세우신 것과 예배와 약속들이 있고"

(롬 11:20~21) "옳도다 저희는 믿지 아니하므로 꺾이우고 너는 믿으므로 섰느니라 높은 마음을 품지말고 도리어 두려워하라 하나님이 원가지들도 아끼지 아니하셨은즉 너도 아끼지 아니하시리라"

죄를 지으면 다시 잃어진다는 말인가?

거듭난 이후에도 죄로부터 완전히 자유로울 수 없다. (롬 7:21~25, 요일 1:8) 간혹 "거듭나면 죄를 전혀 짓지 않고도 살 수 있다"라고 가르치는 이도 있는데 이는 결코 사실이 아니며 성경적인 가르침도 아니다. 피 흘리기까지 죄와 싸울 것을 격려하는 말씀(히 12:4)은 있지만 그 싸움에서 항상 승리만 하는 것은 아니다. 이렇듯 죄와의 싸움에서 졌을 때 혹은 죄의 유혹에 쉽게 빠졌을 때 거듭난 사람이 잃어지는가? 결코 그렇지 않다. 거듭남이 잃어지는 것은 죄를 짓기 때문이 아니라 믿음을 잃었기 때문이다. 죄의 문제는 우리의 능력으로 완전히 해결할 수 있는 것이 아니다. 그래서 예수님께서 과거부터 미래까지 온 세상의 죄를 모두 해결하신 것이다. 예컨대 고린도 교회에는 죄 가운데 있었던 그리스도인들이 많이 있었다. 그러나 바울은 그 죄 때문에 잃어질 것이라고 말한 적이 없다. 오히려 육신은 멸하게 될지라도 영혼은 주 예수의 날에 구원을 얻게 될 것이라고 말하고 있다. (고전 3:15, 5:5) 그렇지만 죄를 즐기는 가운데 점점 강퍅케 될 수 있고 결국 믿음을 잃을 수도 있으며 이는 성경이 명백하게 경고하고 있는 바이다. (히 3:12-15) 결국, 그리스도인들이 죄를 짓는다면 그 죄 때문에 잃어지는 것은 아니지만 그리스도로부터 끊어지게 할 수 있는 계기는 될 수 있다. 이것이 바로 우리가 죄와 피 흘리기까지 싸워야 하는 이유이다.

예수님의 중보 기도는 효력이 없는가?

예수님께서 그리스도인들의 대제사장이 되신 것도 사실이고 중보자로 계신 것도 사실이다. 그리고 그가 그리스도인들을 위해 여전히 기도하고 계신 것도 사실이다.

> (롬 8:34) "누가 정죄하리요 죽으실 뿐 아니라 다시 살아나신 이는 그리스도 예수시니 그는 하나님 우편에 계신 자요 우리를 위하여 간구하시는 자시니라"

> (히 7:25) "그러므로 자기를 힘입어 하나님께 나아가는 자들을 온전히 구원하실 수 있으니 이는 그가 항상 살아서 저희를 위하여 간구하심이니라"

하지만 그가 거듭난 그리스도인들을 위해 기도하신다는 사실이 반드시 그리스도인들의 구원이 지켜진다는 의미는 아니다. 예수님의 제자들을 위한 중보 기도는 더없이 귀중하지만 예수님의 기도라 할지라도 개인의 자유 의지보다 우선하지 않는다. 예를 들면 예수님께서는 당신의 제자들뿐만 아니라 제자들의 제자들을 위해서도 그들이 하나 될 것(요 17:11, 21-23)과 악에 빠지지 않도록(요 17:15) 기도하였다. 그러나 이와 같은 예수님의 기도가 항상 이루어졌던 것이 아니라는 것은 쉽게 알 수 있다. 우리의 앞날이 예수님의 기도로 도움을 입는 것은 틀림없지만 예수님의 기도로 우리의 미래가 결정되는 것은 아니기 때문이다. 예수님의 기도는 간구일 뿐이고 결코 승인까지를 의미하는 것은 아니라는 것을 기억해야 한다.

생명책의 기록과 성령의 인침이 취소되는가?

아래의 말씀들을 통해 얼마든지 가능함을 알 수 있다.

(출 32:32-33) "그러나 합의하시면 이제 그들의 죄를 사하시옵소서 그렇지 않사오면 원컨대 주의 기록하신 책에서 내 이름을 지워 버려 주옵소서. 여호와께서 모세에게 이르시되 누구든지 내게 범죄하면 그는 내가 내 책에서 지워 버리리라"

(시 69:28) "저희를 생명책에서 도말하사 의인과 함께 기록되게 마소서"

(시 51:11) "나를 주 앞에서 쫓아내지 마시며 주의 성신을 내게서 거두지 마소서"

(갈 3:3) "너희가 이같이 어리석으냐 성령으로 시작하였다가 이제는 육체로 마치겠느냐"

교회에 임한 성령은 다시 취해 가실 수 있는가? 하나님께서 자기 피로 사신 교회 그리고 그리스도가 머리이신 교회의 지체일지라도 첫사랑을 버리면 촛대를 옮기시듯(계 2:4-5) 우리 안에 들어오신 주님과 성령께서도 언제든지 나가실 수 있다. 한때 솔로몬이 지은 성전에 머무셨던 하나님의 영광이 이스라엘 민족의 지속된 불순종과 우상 숭배로 인해 결국 성전을 떠나셨던 것처럼 거듭난 그리스도인이 합당한 성전의 모습을 갖추고 있지 않을 경우 얼마든지 떠나실 수 있다. 거듭난 그리스도인에게 성령께서 머무실 수 있는 유일한 조건은 믿음이다. 행위가 아닌 오직 믿음으로써만 의롭다 함을 받을 수 있기 때문이다. 동시에 이 믿음에는 반드시 합당한 행위가 수반되어 합당한 성전의 모습도 갖출 수 있게 된다.

보증으로 성령을 주신 것 아닌가?

(고후 1:22) "저가 또한 우리에게 인치시고 보증으로(αρραβωνα) 성령을 우리 마음에 주셨느니라"

(고후 5:5) "곧 이것을 우리에게 이루게 하시고 보증으로(αρραβωνα) 성령을 우리에게 주신 이는 하나님이시니라"

한국어로 번역된 보증이라는 단어는 헬라어로는 상업적인 용어로서 지불해야 할 총금액의 첫 납입금(down payment) 혹은 선수금의 의미로서 우리나라에서의 부동산 거래 시의 보증금과 비슷한 의미라고 할 수 있다. 창세기 38장 18절의 '약조물(ערבון)'이라는 히브리어에 어원을 두고 있으며 헬라어 성경인 70인역(Septuagint)에서는 이 구절에서의 "약조물"과 고린도후서 1장 22절 그리고 5장 5절에서의 "보증"이 동일한 단어로 사용되었다. 유다와 다말의 경우를 보면(창 38:15-23) 약조물이 주어졌다 하더라도 수혜자가 원치 않으면 그 약속이 의미가 없어지는 것을 알 수 있다. 이와 같이 성경에서 사용된 보증이란 단어는 일방적인 것이 아닌 상호적인 개념이며 또한 무조건적인 것이 아니라 조건적인 개념이다. 성령이 보증으로 주어졌다 하더라도 수혜자의 의지에 따라 그 보증이 무효화될 수 있다는 의미이다. 한마디로 상기의 구절들에서의 보증이란 결코 완불을 의미하는 것도 아니며 무조건적인 보장(guarantee)을 의미하는 것은 더욱 아니다. 그리스도와 새로운 관계를 맺고 거듭나게 되어 새로운 삶을 시작함에 있어 성령께서 함께 하실 것이라는 하나님 편에서의 조건부의 약속일 뿐이다.

노아의 방주는 거듭남의 모형이 아닌가?

노아의 방주는 거듭남의 모형이 아니라 휴거(携擧, rapture)의 모형 즉, 예수님의 재림 시에 일어날 구원의 모형이다. 방주가 완성되기 전에 이미 노아는 의롭다고 여겨졌고(창 6:9) 그는 세상 가운데에서 하나님의 종으로서 일을 하고 있는 거듭난 사람의 전형적인 모형이다. 방주가 완성되고 하나님께서 방주의 문을 닫으셨다는 것과 땅에는 물 심판이 내려졌다는 것은 예수님의 재림 시에 지상에서 일어날 형벌의 모형임을 말해 준다. 그러므로 방주에 들어간 것은 거듭남의 모형이 아니라 예수님의 재림 시에 있을 영화(靈化)의 구원을 보여 주는 그림자로 이해되어야 한다.

믿음의 파선을 어떻게 알 수 있나?

개인적으로 이와 같은 질문을 해 오는 사람들에게 다음과 같이 반문한 적이 있었다. "당신이 거듭난 것은 믿음으로 된 것일 텐데 믿음이 생겼다는 것은 어떻게 알 수 있나?" 그들은 이상하게도 이 질문에 대부분 침묵했다. 믿음은 마음으로의 순종이기 때문에 거듭남의 여부나 믿음의 파선 여부를 겉모습으로는 알 수 없다. 그러나 사람은 타인의 마음을 알 수 없을지라도 하나님께서는 사람의 마음을 정확하게 저울질하신다는 것과 그 결과대로 심판하신다는 사실을 기억해야 한다.

> (잠 24:12) "네가 말하기를 나는 그것을 알지 못하였노라 할지라도 마음을 저울질하시는 이가 어찌 통찰하지 못하시겠으며 네 영혼을 지키시는 이가 어찌 알지 못하시겠느냐 그가 각 사람의 행위대로 보응하시리라"

그리고 유창한 간증과 같은 겉모습만으로는 그 사람의 거듭난 여부를 판단할 수 없지만 믿음으로 거듭난 사람이라면 반드시 믿음의 행위가 따르게 되어 있다. 행함이 없는 믿음은 죽은 것이라는 말씀처럼(약 2:17) 때로는 행위가 그 믿음을 입증한다. 아브라함은 이삭을 제물로 바침으로써, 그리고 다니엘과 세 친구는 우상에게

절하지 않음으로써 각각 믿음의 행위를 보였다. 초대 교회의 그리스도인들은 죽음 앞에서도 예수님을 부인하지 않음으로써 믿음의 행위를 보였다. 반대로 믿음의 행위가 전혀 보이지 않는다면 이는 믿음의 부재를 입증하는 것과 같다. 이와 같은 맥락에서 본다면 입으로 예수님을 부인하는 것은 믿음이 파선되었다는 것의 하나의 증거가 될 수 있다.

> (마 10:22-33) "또 너희가 내 이름을 인하여 모든 사람에게 미움을 받을 것이나 나중까지 견디는 자는 구원을 얻으리라… 누구든지 사람 앞에서 나를 시인하면 나도 하늘에 계신 내 아버지 앞에서 저를 시인할 것이요 누구든지 사람 앞에서 나를 부인하면 나도 하늘에 계신 내 아버지 앞에서 저를 부인하리라"

> (딤후 2:11-13) "미쁘다 이 말이여, 우리가 주와 함께 죽었으면 또한 함께 살 것이요 참으면 또한 함께 왕 노릇 할 것이요 우리가 주를 부인하면 주도 우리를 부인하실 것이라 우리는 미쁨이 없을지라도 주는 일향 미쁘시니 자기를 부인하실 수 없으시리라"

만약 핍박이나 혹은 다른 어떤 이유로든 예수님을 입으로 부인하는 사람이 있다면 그는 이미 예수님을 온전히 신뢰하고(믿고) 있지 않다는 증거이며 그것이 바로 행함이 없는 죽은 믿음이다. 예수님에 대한 간단한 시인이나 부인이 절대적인 기준이 된다는 뜻이 아니다. 마음으로 믿어 의에 이르고 입으로 시인하여 구원을 얻듯이(롬 10:10) 마음으로부터 포기된 믿음이 입을 통해 표현된다면 이는 믿음을 잃었다는 충분한 증거가 될 수 있다는 뜻이다.

믿음을 지키는 것이 사람의 능력에 달려 있나?

믿음을 지켜서 구원에 이른다면 결국 "행위 구원"을 의미하는 것이 아니냐는 질문을 하는 사람도 있다. 결코 그렇지 않다. 믿음을 지키는 것은 행위 구원도 아니며 마음을 지키는 것이 사람의 능력에 달린 것도 아니다. 흔들리는 담과 넘어지는 울타리와 같이 연약하고도 나약한 것이 인간임은 두말할 것도 없다. 그래서 우리에겐 하나님의 도움이 절대적인 것이다.

하나님께서는 우리가 회개와 구원에 이르도록 성령을 통해 인도하신 것처럼 우리가 거듭난 후에도 성도들이 믿음(마음)을 지킬 수 있도록 보호하시고 견인하신다. 또한 하나님께서는 우리가 감당할 수 있는 시험만 허락하시고 또한 피할 길을 내셔서 우리로 하여금 능히 감당하게 하신다.

> (고전 10:13) "사람이 감당할 시험밖에는 너희에게 당한 것이 없나니 오직 하나님은 미쁘사 너희가 감당치 못할 시험당함을 허락지 아니하시고 시험당할 즈음에 또한 피할 길을 내사 너희로 능히 감당하게 하시느니라"

성경에는 많은 보호와 견인의 약속들이 있다. 그런데 이러한 하나님의 보호와 견인의 약속들도 거듭날 때처럼 각자의 자유 의지에 의하여 무시될 수도 있고 또한 거부될 수도 있다. 아래의 말씀과 같이 거듭나기 위해서는 "믿음으로 말미암아"라는 조건이 필요한 것처럼 거듭난 이후에 하나님의 능력으로 보호하심을 받기 위해서도 "믿음으로 말미암아"라는 동일한 조건이 필요하다는 것을 기억해야 한다.

> (엡 2:8) "너희가 그 은혜를 인하여 믿음으로 말미암아 구원을 얻었나니 이것이 너희에게서 난 것이 아니요 하나님의 선물이라"

> (벧전 1:5) "너희가 말세에 나타내기로 예비하신 구원을 얻기 위하여 믿음으로 말미암아 하나님의 능력으로 보호하심을 입었나니"

결국 거듭날 때에도 우리의 행위나 공로가 아닌 마음으로 반응(믿음)해야 하는 것처럼 거듭난 이후에도 오직 믿음으로 하나님의 은혜에 반응해야 한다. 그래서 "믿는다"라는 말은 완료형이 아니라 현재형(미완료)이어야 한다고 말하는 것이다. 그래서 거듭날 때도 하나님의 은혜가 아니면 거듭날 수 없고 거듭난 이후에도 하나님의 은혜가 아니면 우리의 믿음도 지킬 수 없다. 성도에게 요구되는 것은 믿음을 지킬 수 있는 능력이 아니라 믿음을 지키기 위해 필요한 은혜를 바라는 마음이다.

잃어진 후에도 다시 회복될 수 있는가?

만약 믿음을 잃고 구원에 이르지 못한 상황에 이르렀다면 다시 믿음을 통해 회복되어 하나님의 자녀가 될 수 있을까? 갈라디아 성도들이 율법주의에 빠져 실족했을 때 바울은 그들을 위해 다시 해산하는 수고를 한다고 했는데 이는 그들이 다시 거듭날 수 있음과 회복될 수 있음을 의미한다.

> (갈 4:11, 19) "내가 너희를 위하여 수고한 것이 헛될까 두려워하노라 … 나의 자녀들아 너희 속에 그리스도의 형상이 이루기까지 다시 너희를 위하여 해산하는 수고를 하노니"

로마서 11장의 접붙임을 받은 가지의 비유를 통해서도 꺾인 가지들이 다시 접붙임 받을 수 있다고 말하고 있다.

> (롬 11:23) "저희(유대인)도 믿지 아니하는 데 거하지 아니하면 접붙임을 얻으리니 이는 저희를 (다시*) 접붙이실 능력이 하나님께 있음이라" (*원문과 영문에는 있음.)

그리고 사도 야고보도 이미 미혹되어 진리에서 떠난 형제를 돌아오게 하는 것은 그 영혼을 사망에서 구원하는 것으로 명시하고 있다.

(약 5:19-20) "내 형제들아 너희 중에 미혹하여 진리를 떠난 자를 누가 돌아서게 하면 너희가 알 것은 죄인을 미혹한 길에서 돌아서게 하는 자가 그 영혼을 사망에서 구원하며 허다한 죄를 덮을 것이니라"

예수님께서도 돌아온 탕자의 비유를 통해 "죽었다가 다시 살았다"라고 표현하셨으며 또 형제가 죄를 범한 후, 용서를 구하면 7번 아니라 70번씩 7번이라도 용서하라고 하셨다. 이와 같은 말씀들을 통해 진심으로 돌이킨다면 언제든지 아버지와의 관계가 다시 회복될 수 있다는 것과 이와 같은 용서는 아버지의 무궁한 사랑에서 비롯되었다는 것을 알 수 있다.

다시 잃어질 수 있다고 가르치는 교단이 있나?

한 번 거듭나면 절대 잃어지지 않는다고 가르치는 교파는 칼빈주의이다. 구원받음은 각자의 자유 의지에 의해서가 아닌 처음부터 하나님의 선택에 의한 것이므로 한 번 선택된 사람들은 결코 다시 잃어지지 않는다는 것이 그들의 논리이다. 만일 예정론이 옳다면 거듭난 사람 즉 선택된 사람은 그들의 주장대로 다시 잃어지는 일이 결코 없을 것이다. 재미있는 사실은 이러한 칼빈주의자들 가운데에서도 거듭난 사람들도 다시 잃어질 수 있고 선택받은 사람들도 탈락할 수 있다고 가르치는 소위, 온건 칼빈주의자들도 많이 생기고 있다는 것이다. 어쨌든 예정론의 오해에 대해서는 6장에서 별도로 다루겠다.

반면 거듭날 때 인간의 자유 의지가 필요하다고 가르치는 알미니안주의와 웨슬리안주의는 거듭난 사람도 다시 잃어질 수 있다고 가르친다. 즉 오직 그리스도에 대한 믿음이 지속된다는 조건하에서만 영원한 구원의 약속이 유효하다고 믿는 것이다. 참고로 요한 웨슬리(John Wesley), 윌리엄 부스(Willam Booth), 찰스 피니(Charles Finney), 토저(A. W. Tozer), 워치만 니(Watchman Nee) 등과 같은 전도자들이 알미니안주의의 견해를 취했고 그들의 믿음과 가르침이 그대로 전해지고 있는지는 알 수 없으나 감리교, 성결교, 순복음교, 구세군, 루터교 및 일부의 침례교가 현재까지 이와 같은 교리를 따르는 것으로 알려져 있다.

또 한편, 예정이 아닌 자유 의지로 구원받지만 한 번 거듭나면 다시 잃어지지 않는다고 가르치는 교단도 있다. 주로 세대주의 교파에 속하는 교단이 이에 해당한다. 참고로, 세대주의 교파란 1830년경 아일랜드의 다비(N. J. Darby) 일파에 의해서 시작된 교파로서 인류의 역사를 양심 시대, 율법 시대, 은혜 시대 등 7가지의 시대로 구분해 놓고 구원의 방법이 시대별로 다르다고 가르치는 교파이다. 형제교회로도 알려진 이 교파의 가르침은 우리나라에서도 구원을 특별하게 강조하는 일부 교단에 큰 영향을 미쳤다. 이들의 주장은 알미니안주의와 칼빈주의의 교리들을 선택적으로 섞어 놓은 형국이어서 교리적 기반은 매우 약하다고 할 수 있다.

현재 한국에서도 이와 같은 교리적인 대립이 있지만 그 대립의 양상이 대중에게 크게 노출되고 있지 않거나 노출이 되더라도 크게 문제를 삼는 것 같지 않아 보인다. 그러나 이 문제는 '누구의 견해인가' 혹은 '어느 교단에 속해 있느냐'의 문제가 아니라 "성경이 진리로서 일관되게 말하고 있는 것이 무엇이냐"의 문제이다. 진리는 진리가 아닌 것을 용납하지 않는다. 만일 그것을 용납한다면 그것은 너그러움이 아니라 불의와의 타협일 뿐이다. 따라서 이 문제를 성경을 근거로 정리하는 것은 매우 중요하다고 할 수 있다.

5장

구원을 이루라

신앙생활의 목표
삐뚤어지는 자녀들
구원을 이루라
선한 싸움을 싸우라
항상 잃어질 걱정 속에서 살아야 하는가?
믿음을 잃게 만드는 요인들과 대책

"그러므로 나의 사랑하는 자들아 너희가 나 있을 때뿐 아니라
더욱 지금 나 없을 때에도 항상 복종하여 두렵고 떨림으로
너희 구원을 이루라"
(빌 2:12)

신앙생활의 목표

거듭난 사람에게는 어떤 삶의 목표가 필요할까? 우리에게 성경적인 올바른 지식이 필요한 이유는 지식을 통해 생활에 적용함으로써 하나님께서 원하시는 모습으로 살기 위해서이다. 앞서 설명한 교리적인 내용들을 통해서 구원에 관한 오해들이 정리되었다면 거듭난 그리스도인으로서 어떤 목표를 가지고 어떻게 살아야 할지 생각해 보자.

한 번 거듭나면 다시 잃어지지 않는다고 가르치는 이들은 신앙생활의 목표가 천국에서 상급을 얻는 것이어야 한다고 가르친다. 왜냐하면 일단 한 번 거듭나면 구원에 대해서는 더 이상 염려하지 않아도 된다고 믿기 때문이다. 과거에 본인도 그렇게 믿고 가르쳤었던 시기가 있었는데 그 시기에 다음과 같은 질문을 가지고 있는 한 청년을 만난 적이 있다. "만일 천국에서의 더 나은 상급을 위해서 타인을 사랑해야 한다면 타인을 사랑하는 것도 결국은 자기 자신을 위한 것이 아닌가요?" 솔직히 그때는 그에게 해 줄 말이 없었다. 그 후 다음과 같은 또 다른 의문도 생겼다. "천국에서 더 높은 자리에 앉기 위해서 이 세상에서는 낮아지려고 노력한다면 그 낮아짐은 진정한 겸손일까?" 혹시 여러분의 신앙생활의 목표도 천국에서의 더 나은 상급이 아닌가?

천국에서 더 나은 자리를 추구했던 한 가족이 있었다. 예수님의 제자들이었던 요한과 야고보 그리고 그들의 어머니였다. 예수님이 그 가족과 나눈 대화를 통해서 상급과 관련한 주님의 뜻을 헤아려 보자.

(마 20:20-28) "그때에 세베대의 아들의 어미가 그 아들들을 데리고 예수께 와서 절하며 무엇을 구하니 예수께서 가라사대 무엇을 원하느뇨 가로되 이 나의 두 아들을 주의 나라에서 하나는 주의 우편에 하나는 주의 좌편에 앉게 명하소서 예수께서 대답하여 가라사대 너희 구하는 것을 너희가 알지 못하는도다… 열 제자가 듣고 그 두 형제에 대하여 분히 여기거늘… 내 좌우편에 앉는 것은 나의 줄 것이 아니라 내 아버지께서 누구를 위하여 예비하셨든지 그들이 얻을 것이니라 너희 중에 누구든지 크고자 하는 자는 너희를 섬기는 자가 되고 너희 중에 누구든지 으뜸이 되고자 하는 자는 너희 종이 되어야 하리라 인자가 온 것은 섬김을 받으려 함이 아니라 도리어 섬기려 하고 자기 목숨을 많은 사람의 대속물로 주려 함이니라"

신앙생활의 목표가 "천국에서의 더 나은 상급"이어야 한다면 천국에서의 더 나은 지위를 원했던 요한과 야고보 그리고 그들의 어머니는 칭찬받아야 했을 것이다. 그러나 그들에 대한 예수님의 반응은 결코 칭찬이 아니었다. 그들의 간구는 무시되었고 오히려 다른 사람을 섬기는 종이 되라는 훈계를 받았다. 게다가 노출된 그들의 야심은 다른 제자들의 분노만 야기시켰다. 그리고 예수님께서는 그들에게 상급에 관한 것은 아버지께 맡기고 상급과 상관없이 진정한 겸손과 섬김을 실천하기를 요구하신 것이다. 만약 우리도 천국에서의 더 나은 상급을 신앙생활의 목표로 삼아야 한다면 세베대의 가족들이 추구했던 것과 뭐가 다를까?

본인도 상급을 받길 원한다. 또 해의 영광과 달의 영광 그리고 별의 영광이 다르다는 것도 알고 있다. 그러나 이러한 상급은 예수님께서 세베대의 가족들에게 말씀하신 것처럼 내가 추구해야 할 것이 아니라 하나님께 맡겨야 할 것이라는 것을 알게 되었다. 그리고 우리가 진정으로 추구해야 할 상급은 다름 아닌 하나님 자체이어야 함을 뒤늦게야 깨닫게 되었다.

> (딤전 6:11-16) "오직 너 하나님의 사람아 이것들을 피하고 의와 경건과 믿음과 사랑과 인내와 온유를 좇으며 믿음의 선한 싸움을 싸우라 영생을 취하라 이를 위하여 네가 부르심을 입었고… 우리 주 예수 그리스도 나타나실 때까지 점도 없고 책망받을 것도 없이 이 명령을 지키라 기약이 이르면 하나님이 그의 나타나심을 보이시리니…"

세세토록 모든 영광을 받기에 합당하신 그분을 찬양하며 영원토록 그분과 함께 사는 것이 우리가 추구해야 할 진정한 상급인 것이다. 이 상급은 과거에 한 번 믿어서 거듭난 적이 있다고 해서 무조건 자동적으로 보장되는 것이 아니다. 그렇기 때문에 더욱 우리의 인내와 선한 싸움을 필요로 하는 것이다. 이를 위해서 이 땅에 사는 동안 우리의 신앙생활의 진정한 목표는 당연히 믿음을 끝까지 지키는 것이 될 수밖에 없다. 그리고 믿음을 끝까지 지키는 신앙생활의 목표를 이루는 것은 각자의 책임임이 분명하다.

(계 14:12) "성도들의 인내가 여기 있나니 저희는 하나님의 계명과 예수 믿음을 지키는 자니라"

삐뚤어지는 자녀들

'구원은 한 번의 믿음으로 완성된다'고 믿는 잘못된 구원관과 '영생은 더 이상 염려 말고 상급을 위해서 살라'는 잘못된 신앙관이 자신뿐만 아니라 가족들에게까지 악영향을 끼칠 수 있다는 사실을 생각해 본 적이 있는가? 보통의 경우, 부모가 먼저 거듭나게 되면 대부분의 어린 자녀들은 부모와 함께 자연스럽게 교회에 출석하게 되면서 성경과 하나님을 믿는 것을 당연하게 여기게 된다. 어느 정도 시간이 지난 후엔 자녀들도 십자가의 의미나 죄사함을 통한 거듭남에 대해서도 배우게 된다. 죄사함에 관한 자녀들의 간증이 어느 정도 확실해졌다고 생각될 때, 부모들도 그들의 거듭남을 인정해 주며 안심하게 된다. 그러나 시간이 지나면서 자녀들이 거듭남에 관한 확신을 잃게 되거나 혹은 바람직한 모습으로 신앙생활을 하지 않는 경우, '구원은 한 번의 믿음으로 완성된다'고 믿는 부모들은 대부분 당황한다. 그리고 그들이 보이는 주된 반응은 크게 두 가지인 것 같다.

첫 번째 반응은 거듭남에 대한 의심과 신앙생활에서의 실패는 거듭남의 여부와 상관없이 일어날 수 있는 일이라고 여겨 자녀들의 구원 문제를 크게 걱정하지 않는 것이다. 자녀가 구원에 대한 의심에 빠져 있을 경우, 구원받은 과거의 경험을 잘 기억해 보라고 하거나 어떤 이들은 구원에 대한 의심은 마귀가 신앙생활을 망가뜨리려고 하는 공격이라며 의심을 의지적으로 떨쳐 내야 한다고까지 가르치기도 한다. 이와 같은 상황은 배우자를 전도한 경우에도 비슷한데, 일단 배우자로부터 영원한 속죄에 대한 간증을 확인한 후엔 배우자의 구원의 문제는 일단락되었다고 믿는다. 시간이 지나면서 남편에게서 거듭난 그리스도인으로서의 모습을 거의 찾아볼 수 없는 경우에도 일단 구원은 받았으니 간혹 예배나 교제에 참석해 주는 것만으로도 감사하게 여기며 그대로 방치하는 경우가 많다.

두 번째의 그릇된 반응은 구원에 관한 의심을 하고 있다는 것 자체 혹은 신앙생활에 정상적이지 않다는 것 자체를 처음부터 거듭난 적이 없는 것으로 여기는 것이다. 그래서 성경의 사실성부터 시작하여 죄사함으로 말미암은 구원까지 다시 교육시키려 한다. 이러한 재교육은 대부분 영원한 속죄에 대한 확신을 토로할 때까지 반복된다. 이와 같은 대응은 노부모를 전도했을 때도 비슷한 양상을 띤다.

그릇된 구원관과 신앙관들이 이와 같은 가족들에 대한 잘못된 대응의 원인이 될 수 있으며 또 이로 인하여 오히려 가족들이 그리스도에게서 끊어져 가고 있는 것을 방치하게 되는 끔찍한 결과를 낳을 수도 있다. 그뿐만 아니라 가족들이 아직 거듭남의 확신을 소유하고 있지 않다 하더라도 그들에게 성경의 사실성이나 복음의 내용을 억지로 주입시키려고만 하는 것은 오히려 성경이나 구원에 대한 반발심만 커지게 할 수도 있다. 구원에 관한 내용이 제대로 정리되어 있지 않은 경우 오히려 깨달음과 믿음 사이에서 혼란을 느끼게 되거나 심리적 부담만 커지는 경우가 많이 생기기 때문이다.

가족들에 대한 전도 혹은 그들의 구원에 관련하여 많은 사람들이 오해하는 구절이 있다.

> (행 16:31) "가로되 주 예수를 믿으라 그리하면 너와 네 집이 구원을 얻으리라 하고"

위의 말씀은 한 사람이 거듭나게 되면 나머지 가족들은 저절로 거듭나게 되어 있다는 뜻이 결코 아니다. 사도 바울이 성령의 감동으로 했던 이 말씀은 구원의 길을 간구했던 당시의 빌립보 간수의 가족에게 해당되었던 말씀으로서 모든 사람에게 일반화해서 적용해서는 안 된다. 또한 성경 속의 역사에서도 증명되듯이 좋은 신앙을 가진 부모와 좋은 환경에서 시작했을지라도 비참한 결말로 끝나는 경우는 많다. 유년기 한때의 깨달음과 믿음이 시간이 지나도 변함없이 저절로 지속될 것이라고 가르치는 것은 성경의 가르침과 전혀 다르다.

> (잠 4:20-23) "내 아들아 내 말에 주의하며 나의 이르는 것에 네 귀를 기울이라 그것을 네 눈에서 떠나게 말며 네 마음속에서 지키라 그것은 얻는 자에게 생명이 되며 그 온 육체의 건강이 됨이니라 무릇 지킬 만한 것보다 더욱 네 마음을 지키라 생명의 근원이 이에서 남이니라"

위의 말씀과 같은 교훈이 오늘날의 그리스도인들의 가정에서도 가르쳐지고 있는지 궁금하다. 솔로몬이 아직 믿음 가운데 있었을 때(아직 하나님의 도구로 쓰임을 받고 있었을 때), 그가 자기 자녀를 위하여 권고한 글들을 보라. 특히 잠언에는 "나의 아들아"라고 시작되는 권고가 많다. 말씀과 계명을 간직하며 지혜를 떠나지 말고 마음을 지키며 생명을 노리는 음녀에게 빠지지 말라는 교훈들이 대부분이다. 또 이와 같은 교훈들은 바로 앞서 소개한 '믿음을 지키라'는 신약의 많은 교훈들과 동일한 맥락이라는 것을 알 수 있다.

구원을 이루라

(빌 2:12) "그러므로 나의 사랑하는 자들아 너희가 나 있을 때 뿐 아니라 더욱 지금 나 없을 때에도 항상 복종하여 두렵고 떨림으로 너희 구원을 이루라"

앞서 이미 설명한 것처럼 본 절에서 언급된 구원이란 존재하지도 않은 "생활 구원" 같은 것을 말하고 있는 것이 결코 아니다. 본 절에서의 "구원을 이루라"는 진정한 의미는 근신함 가운데 자신들의 믿음을 끝까지 지킴으로써 거듭남을 통해 약속 받은 영생을 획득하는 것(딤전 6:12)을 이루라는 말씀이다. 이것은 사도 바울이 항상 강조해서 추구했었던 자신의 신앙생활의 최종 목표이자 성도들을 위한 목회의 목표이기도 했다.

빌립보서 2장 12절의 "두렵고 떨림으로 너희 구원을 이루라"라는 말씀과 비슷한 말씀이 베드로전서에도 있다.

(벧전 2:1-2) "그러므로 모든 악독과 모든 궤휼과 외식과 시기와 모든 비방하는 말을 버리고 갓난아이들같이 순전하고 신령한 젖을 사모하라 이는 이로 말미암아 너희로 구원에 이르도록 자라게 하려 함이라"

본 절도 역시 거듭난 그리스도인들을 대상으로 쓰인 말씀이 분명한데 구원이라는 단어가 아직 완성되지 않은 미래의 시제로 사용되었다. 그리고 그 구원에 이르기 위해서는 모든 악독과 모든 궤휼과 외식과 시기와 모든 비방하는 말을 버리고 갓난아이들같이 순전하고 신령한 젖을 사모해야 한다는 조건이 있다. 이러한 사실들을 통해 빌립보서 2장 12절의 구원이나 베드로전서 2장 2절의 구원 모두 미래에 일어날 영화의 구원을 말하고 있음을 분명하게 알 수 있다.

믿음의 결국인 구원, 곧 영화는 우리의 믿음에 따라 이루어질 수도 있고 그렇지 않을 수도 있다. 구원의 약속은 누구든지 믿기만 하면 거저 주시는 것이지만 이 약속된 구원이 이루어지기까지 견디고 인내하는 것은 우리의 몫이다. 예수님의 큰 희생과 우리의 믿음으로 거듭났다면 이제부터는 그 보배로운 믿음을 지켜야 한다. 그것이 바로 구원을 이루는 것이다.

예수님을 믿는다는 것 혹은 예수님을 주님으로 섬긴다는 것은 곧 자기의 인생 혹은 자아를 모두 그분께 맡기는 것을 의미한다. 생각해 보라. 나의 온 영혼과 인생을 투자해서라도 예수를 믿을 수밖에 없었던 이유는 무엇인가?

> (히 10:32-38) "전날에 너희가 빛을 받은 후에 고난의 큰 싸움에서 참은 것을 생각하라 혹 비방과 환난으로써 사람에게 구경거리가 되고 … 너희 산업을 빼앗기는 것도 기쁘게 당한 것은 더 낫고 영구한 산업이 있는 줄 앎이라 … 너희에게 인내

가 필요함은 너희가 하나님의 뜻을 행한 후에 약속을 받기 위함이라 … 오직 나의 의인은 믿음으로 말미암아 살리라"

그것은 바로 이 세상에서 잠시의 쾌락을 누리다가 영원한 형벌을 받는 것보다 이 세상에서 잠시 동안 고난 가운데 살더라도 후에는 하나님과 영원히 함께 사는 것이 무엇과도 비교할 수 없을 만큼 중요하다는 것을 깨달았기 때문이다. 이처럼 소중한 하나님과의 영원한 삶을 위해 예수님께서 사랑과 희생으로써 그 길을 열어 놓으셨다면 우리는 이제 그 길을 기꺼이 걸어가야 한다. 우리에게 주어진 길은 좁은 문과 좁은 길임을 잊지 말자. (마 7:14)

선한 싸움을 싸우라

(딤전 6:11-12) "오직 너 하나님의 사람아 이것들을 피하고 의와 경건과 믿음과 사랑과 인내와 온유를 좇으며 믿음의 <u>선한 싸</u> <u>움을 싸우라</u> 영생을 취하라 이를 위하여 네가 부르심을 입었 고 많은 증인 앞에서 선한 증거를 증거하였도다"

　본 절에서 언급된 선한 싸움은 어떤 싸움이며 이 싸움의 대상은 누구 혹은 무엇일까? 선한 싸움이라는 어휘가 기록된 디모데전서 와 후서는 모두 사도 바울이 아직 어린 전도자였던 디모데에게 썼 던 개인적인 서신이다. 평소에 아들과 같이 여겼던 디모데를 위하 여 그를 격려하고 교훈하기 위해 바울이 말년에 쓴 편지로서 본서 에는 전도자로서 그리고 한 신앙인으로서 디모데가 싸워야 할 개 인적인 영적 싸움에 대한 내용과 격려가 담겨 있다. 인용된 구절들 을 주의 깊게 살펴보면 바울이 얘기했던 선한 싸움은 모두 믿음과 관련되어 있음을 알 수 있다. 본 절에서는 직접적으로 "믿음의 선 한 싸움"이라고 기록되어 있다. 사도 바울이 말했던 선한 싸움이란 결국 "믿음의 싸움"으로서 외부의 세력에 대한 외형적인 싸움이 아 닌 다분히 내적이고 영적인 싸움이라는 것을 알 수 있다. 본 절에 서 "믿음의 선한 싸움을 싸우라"는 말씀 뒤에 바로 따라오는 말씀 도 "영생을 취하라"인데 영생은 결코 외부적인 세력과의 싸움을 통해 획득되는 것이 아님은 당연지사이다. 그뿐만 아니라 11절에 함께 나열되어 있는 내용들도 모두 내적으로 추구해야 할 덕목들이다. 결국 본 절에서 말하고 있는 선한 싸움은 외부적인 단체나 세력에 대항하려는 물리적인 싸움이 아니라 자기의 믿음을 약화시키고 파괴하려는 육신의 정욕이나 잘못된 교리 등에 대항하여 싸우는 영적 싸움인 것이다.

사도 바울이 싸웠던 선한 싸움 역시 동일한 목적을 가진 믿음의 싸움이었음을 아래의 구절을 통해 분명히 알 수 있다.

> (딤후 4:7-8) "내가 선한 싸움을 싸우고 나의 달려갈 길을 마치고 믿음을 지켰으니 이제 후로는 나를 위하여 의의 면류관이 예비되었으므로 주 곧 의로우신 재판장이 그날에 내게 주실 것이니 내게만 아니라 주의 나타나심을 사모하는 모든 자에게니라"

생을 다할 때까지 믿음을 끝까지 지키는 것이 바울이 말하고 싶었던 선한 싸움의 본질이었다. 선한 싸움을 싸우기 위해 전도자로서의 디모데는 올바른 말씀과 교훈으로 가르치기에 힘써야 했다. (딤전 4:6) 전도자로서 올바른 말씀과 교훈으로 가르치는 것이 가르침을 받는 사람뿐만 아니라 가르치는 본인의 최종 승리를 위해서도 필수임을 바울은 강조하고 있는 것이다. (딤전 4:16)

결국 믿음을 끝까지 지킨다는 것과 구원을 이룬다는 것 그리고 선한 싸움을 싸운다는 것은 모두 서로 같은 개념임을 알 수 있다. 그리고 이것이 바로 사도 바울이 추구했던 신앙생활의 목표였으며 빌립보 성도들과 디모데에게 가르쳤던 신앙생활의 목표였다. 거듭난 그리스도인은 모두 그리스도의 군사이다. 군사로서 싸움의 대상과 목표를 명확히 하는 것은 승리를 위해서 필수적이다. 누구든지 거듭난 그리스도인으로서 살고 있다면 각자가 추구해야 할 신앙생활의 목표를 분명히 해야 할 것이다.

항상 잃어질 걱정 속에서 살아야 하는가?

한 번 거듭나면 결코 잃어지지 않는다고 믿고 있던 시절에 한 번은 동료 목사로부터 다음과 같은 말은 들은 적이 있다. "만일 내일 주님께서 재림하신다면 오늘 우리가 해야 할 가장 시급한 일은 나의 거듭남을 점검하는 것이다." 그 목사의 말은 뜻밖이었다. 하지만 동의하지 않을 수 없었다. 들림을 받기 위해서는 구원보다 더 중요한 문제는 없다는 사실이 명백했기 때문이다. 그러나 동시에 마음속에서 다음과 같은 질문이 생겼었다. '한 번 거듭나면 결코 다시 잃어지지 않으니 구원에 대해서는 더 이상 걱정할 필요가 없다고 가르치는 사람이 이미 확인한 자신의 거듭남을 다시 점검해야 할 필요가 있을까?' 그런데 성경은 이에 대하여 이렇게 가르치고 있었다.

> (고후 13:5) "너희가 믿음에 있는가 너희 자신을 시험하고 너희 자신을 확증하라 예수 그리스도께서 너희 안에 계신 줄을 너희가 스스로 알지 못하느냐 그렇지 않으면 너희가 버리운 자니라"

사도 바울은 거듭났던 과거의 경험을 점검하라고 말한 것이 아니라 현재, 믿음에 있는지를 점검하라고 한 것이다. 다시 말하면 과거에 처음 믿을 때의 구원 여부를 다시 점검하라고 한 것이 아니라 현재까지도 그 믿음이 변함없이 유지되고 있는지를 점검하라고 하는 것이다. 만일 그 믿음이 유지되고 있지 않다면 그 믿음의 대상인 그리스도께서도 역시 그들 안에 계시지 않는다는 것이고 그것은 결국 그들이 버리운 자가 되었다는 의미이기 때문이다.

내일 예수님께서 재림하신다면 내가 취해질 것인지 아니면 버려짐을 당할 것인지보다 더 중요한 문제는 있을 수 없다. 구원의 문제에 비하면 상급의 많고 적음은 전혀 문제가 되지도 않을 것이다. 만일 한 번 거듭나면 결코 다시 잃어지지 않는다면 이론상으로는 다시 점검할 필요도 없다. 그럼에도 불구하고 여전히 점검해야 할 필요를 느끼고 있다면 그것은 거듭남의 상태의 가변성을 인정하고 있다는 반증일 것이다. 그리고 거듭남의 상태가 변할 수 있는 것이라면 그의 말처럼 반드시 자신의 믿음과 거듭남의 여부를 수시로 점검하는 것은 매우 지혜로운 일이 될 것이다. (잠 28:26)

그렇다면 '혹시라도 잃어질까' 하는 걱정 속에서 항상 살아야 할까? 이런 걱정 속에서 살아야 한다면 진정한 평강을 누리는 것은 불가능할 거라고 반론을 제기하는 이들도 있다. 과연 그럴까? 한 가지 예를 들어 생각해 보자. 이 세상의 많은 남녀가 서로를 믿고 결혼을 하지만 그 가운데 많은 부부들이 이혼을 하기도 한다. 그리고 이혼의 가능성은 세상의 어느 부부에게나 존재한다. 그렇다면 이 세상의 모든 부부들은 이혼의 가능성 때문에 늘 걱정 속에서 살고 있는가? 그렇지 않다. 많은 부부들은 이혼의 염려 없이도 잘 살고 있다. 그러나 반대로 "우리 부부는 어떤 일이 있어도 절대 이혼하지 않아!"라는 안일한 마음이나 "내가 무슨 짓을 하더라도 나의 배우자는 이해해 줄 거야!"라는 방종의 마음을 갖는다면 그 부부 관계는 오히려 위험에 빠질 수 있다. 건강한 부부 관계를 위해서는 자만보다는 '자칫 나의 잘못된 행동으로 우리 부부의 원만한 관계에 금이 갈 수 있다'는 경계의 마음을 갖는 것이 더 바람직하다고 볼 수 있다. 소중한 부부 관계가 깨지지 않고 유지될 수 있도록 상대방을 배려하고 자기 생활을 절제하는 것은 배우자로서 당연한 도리이자 책임이다. 이와 같은 건강한 부부 관계 속에서는 평강을 누리는 것이 얼마든지 가능하다. 남편이신 예수님과의 관계에 있어서도 동일한 원리가 적용된다.

하나님께서 우리에게 허락하신 평강은 모든 반역까지 허용한다는 거짓된 방종의 자유와는 다른 것이다. 자신을 지키면서 누릴 수 있는, 그리스도의 신부로서 누릴 수 있는 진정한 평강인 것이다. 주님께 대하여는 평강이지만 자신에 대해서는 마음을 지키려는 두려움으로 사는 것은 진정한 그리스도인의 본분이자 동시에 주님의 명령이다. 곧 경외와 평강은 모든 그리스도인에게 동시에 요구되는 덕목이라는 것을 아래의 말씀들이 입증해 주고 있다.

> (말 2:5) "레위와 세운 나의 언약은 생명과 평강의 언약이라 내가 이것으로 그에게 준 것은 그로 경외하게 하려 함이라 그가 나를 경외하고 내 이름을 두려워하였으며"

(시 2:11) "여호와를 경외함으로 섬기고 떨며 즐거워할 지어다"

(행 9:31) "그리하여 온 유대와 갈릴리와 사마리아 교회가 평안하여 든든히 서 가고 주를 경외함과 성령의 위로로 진행하여 수가 더 많아지니라"

에덴동산의 아담에겐 하나님의 말씀을 불순종할 경우 "정녕 죽으리라"라는 분명한 하나님의 경고가 있었다. 그렇다면 자칫하면 죽을 수도 있는 가능성 때문에 아담은 늘 걱정 속에서 살았을까? 그렇지 않다. 그는 하나님과 자유롭게 대화를 나누며 하나님께서 허락해 주신 자유와 평강 속에서 살았다. 그런 가운데도 그는 하나님의 금령을 기억하며 근신하며 살려고 했을 것이다. 그러나 하와는 아담보다 하나님에 대한 경외심이나 근신함 없이 살았던 것 같다. 그런 그녀가 먼저 죽음의 유혹에 가까이 다가갔다. 그녀는 하나님의 금령을 어기더라도 아무 일이 없을 거라고 믿고 싶었고 사탄은 그 틈을 정확히 공격했다. 결국 "결코 죽지 아니하리라"라는 사탄의 무. 조. 건. 적. 인. 평안의 간계는 하와뿐만 아니라 아담까지 넘어뜨렸다. 에덴 동산의 속임수는 비슷한 모양으로 오늘날에도 많은 사람들을 넘어뜨리고 있다는 것을 기억해야 한다.

(고후 11:2-3) "내가 하나님의 열심으로 너희를 위하여 열심 내노니 내가 너희를 정결한 처녀로 한 남편인 그리스도께 드리려고 중매함이로다 뱀이 그 간계로 하와를 미혹게 한 것같이 너희 마음이 그리스도를 향하는 진실함과 깨끗함에서 떠나 부패할까 두려워하노라"

믿음을 잃게 만드는 요인들과 대책

믿음을 잃게 되는 많은 이유들이 있을 수 있겠지만 여기서는 대표적인 몇 가지만 언급해 보겠다.

첫 번째 이유는 교만과 자만이다. 구약의 역사를 보더라도 많은 성경의 위인들은 그들이 왕성했을 때 무너졌다. 솔로몬이 대표적인 예라고 할 수 있다. 그래서 언제든지 넘어질 수 있다는 겸손한 마음은 모든 그리스도인들에게 우선적으로 요구되는 덕목이라고 할 수 있다.

> (잠 16:18) "교만은 패망의 선봉이요 거만한 마음은 넘어짐의 앞잡이니라"

> (롬 11:20) "옳도다 저희는 믿지 아니하므로 꺾이우고 너는 믿으므로 섰느니라 높은 마음을 품지 말고 도리어 두려워하라"

> (고전 10:11-12) "저희에게 당한 이런 일이 거울이 되고 또한 말세를 만난 우리의 경계로 기록하였느니라 그런즉 선 줄로 생각하는 자는 넘어질까 조심하라"

둘째로 핍박과 세상의 염려이다. 주로 믿음이 연약한 사람들이 그리스도인으로서의 삶에 따르는 핍박이나 어려움을 만나게 되면 그 믿음을 쉽게 포기할 수 있다. 또 감당하기 어려운 경제적 혹은 정신적 문제나 생활의 염려로 인하여 넘어질 수 있는 연약한 그리스도인들도 많이 있다. 이 때문에 연약한 자들에게는 올바른 교회의 올바른 보호가 필요하다. 더불어 연약한 자들은 스스로 각자의 신앙의 성장을 더욱 도모해야 한다.

> (마 13:20-22) "돌밭에 뿌리웠다는 것은 말씀을 듣고 즉시 기쁨으로 받되 그 속에 뿌리가 없어 잠시 견디다가 말씀을 인하여 환난이나 핍박이 일어나는 때에는 곧 넘어지는 자요 가시떨기에 뿌리웠다는 것은 말씀을 들으나 세상의 염려와 재리의 유혹에 말씀이 막혀 결실치 못하는 자요"

셋째로 세상의 유혹이나 죄의 유혹이다. 고범죄나 지속적인 죄를 지었기 때문에 거듭난 사람이 잃어진다는 것은 결코 사실이 아니다. 예수님의 속죄는 미래의 죄를 포함한 영원한 속죄이기 때문에 지은 죄를 근거로 구원이 잃어지지는 않는다. 그러나, 죄를 지을 경우, 점점 마음이 강퍅케 되어 믿음에서 떠날 수 있는 계기는 만들 수 있다. 구원받는 여부는 범죄에 관한 문제가 아니라 처음부터 끝까지 믿음에 관한 문제이다.

> (히 3:13) "오직 오늘이라 일컫는 동안에 매일 피차 권면하여 너희 중에 누구든지 죄의 유혹으로 강퍅케 됨을 면하라"

넷째로 잘못된 교리이다. 잘못된 교훈이나 가르침 때문에 그리스도인들의 믿음이 무너질 수 있다. 갈라디아 교인들이 대표적인 예이다.

> (마 24:24) "거짓 그리스도들과 거짓 선지자들이 일어나 큰 표적과 기사를 보이어 할 수만 있으면 택하신 자들도 미혹하게 하리라"

> (골 2:8) "누가 철학과 헛된 속임수로 너희를 노략할까 주의하라 이것이 사람의 유전과 세상의 초등 학문을 좇음이요 그리스도를 좇음이 아니니라"

위와 같은 요인들로 인하여 믿음이 잃어질 수도 있다면 우리의 믿음을 지키기 위해 우리가 할 수 있는 일들은 어떤 것들이 있을까?

무엇보다도 말씀을 가까이해야 한다. 말씀을 가까이하는 것은 교만을 막아 주고 신앙을 성장시켜 주며 또 잘못된 교리로부터 지켜 준다. 반대로 말씀을 가까이하지 않으면 모든 위험 요소에 노출되어 있다고 할 수 있다. 또한 말씀을 올바르게 분별하지 못하면 자기가 잘못된 길로 인도되는 것도 모를 수 있다. 예를 들면 "한 번 거듭나면 결코 잃어지지 않는다"라고 하는 말만 믿고 말씀에 대한 분별이 없이 살다가 자기가 잘못되어 가는 줄도 모르고 믿음에서 멀어지는 사람들도 얼마든지 있을 수 있다. 말씀을 가까이하는 것과 그 말씀을 바르게 분별하는 것은 모든 그리스도인들에게 기본적으로 주어진 권고이자 명령이다.

> (신 30:14) "오직 그 말씀이 네게 심히 가까워서 네 입에 있으며 네 마음에 있은즉 네가 이를 행할 수 있느니라"

> (롬 10:8) "그러면 무엇을 말하느뇨 말씀이 네게 가까워 네 입에 있으며 네 마음에 있다 하였으니 곧 우리가 전파하는 믿음의 말씀이라"

> (딤전 4:16) "네가 네 자신과 가르침(doctrine)을 삼가 이 일을 계속하라 이것을 행함으로 네 자신과 네게 듣는 자를 구원하리라"

또 믿음을 지키기 위해 기도해야 한다. 끊임없이 기도해야 한다. 그리스도인들이 해야 할 첫 번째 기도는 자기 자신의 믿음을 끝까지 지킬 수 있도록 도와 달라는 것이어야 한다. 우리를 돕고 계시는 성령께서도 하나님께 간절히 기도함으로 우리를 돕고 계신다. (롬 8:26) 그런데 만약 스스로 기도하지 않는다면 어떻게 될까?

> (시 34:4) "내가 여호와께 구하매 내게 응답하시고 내 모든 두려움에서 나를 건지셨도다"

> (시 145:18-19) "여호와께서는 자기에게 간구하는 모든 자 곧 진실하게 간구하는 모든 자에게 가까이하시는도다 저는 자기를 경외하는 자의 소원을 이루시며 또 저희 부르짖음을 들으

사, 구원하시리로다"

(빌 4:6-7) "아무것도 염려하지 말고 오직 모든 일에 기도와 간구로, 너희 구할 것을 감사함으로 하나님께 아뢰라 그리하면 모든 지각에 뛰어난 하나님의 평강이 그리스도 예수 안에서 너희 마음과 생각을 지키시리라"

기도하기 위해서는 항상 근신해야 한다. 스스로 겸손하며 언제든지 넘어질 수 있는 연약한 존재라는 사실을 잊지 말아야 한다. "선줄로 생각하는 자는 넘어질까 조심하라"라는 고린도전서 10장 12절의 말씀은 신앙생활에 있어서의 일시적인 실패를 의미하는 것이 아니다. 선행하는 1절부터 10절까지 읽어 보라. 거듭난 사람도 얼마든지 멸망할 수 있다는 경고의 말씀이다. 자신의 연약함을 알고 두렵고 떨림으로 자기를 돌아보며 사는 것은 매우 중요하다.

(시 39:4-5) "여호와여 나의 종말과 연한의 어떠함을 알게 하사 나로 나의 연약함을 알게 하소서 주께서 나의 날을 손 넓이만큼 되게 하시매 나의 일생이 주의 앞에는 없는 것 같사오니 사람마다 그 든든히 선 때도 진실로 허사뿐이니이다(셀라)"

(유 1:20-21) "사랑하는 자들아 너희는 너희의 지극히 거룩한 믿음 위에 자기를 건축하며 성령으로 기도하며 하나님의 사랑 안에서 자기를 지키며 영생에 이르도록 우리 주 예수 그리스도의 긍휼을 기다리라"

또한 믿음을 지키기 위해 교제 안에 거하는 것도 중요하다. 그러나 교제 안에 거하는 것이 믿음을 지키기 위한 필요충분조건이라고는 말할 수 없다. 교제 안에 거하고 있다 하더라도 얼마든지 시험에 넘어질 수도 있으며 반대로 구약의 많은 믿음의 위인들도(아브라함, 야곱, 요셉, 모세, 다윗, 엘리야…) 홀로 남겨진 때가 있었지만 각자 믿음도 잘 지켰기 때문이다. 그러나 그들이 의도적으로 믿음의 교제를 떠났던 것은 아니라는 것도 잊지 말아야 한다. 올바른 믿음을 소유한 사람과의 올바른 교제는 우리를 지켜 줄 수 있는 또 하나의 힘이 될 수 있다. 삼킬 자를 찾는 우는 사자와 마귀의 공격을 피할 수 있는 가장 좋은 방법은 무리 속에 속해 있는 것이다. 또 강한 자들은 약한 자들을 보호하며 약한 자들이 성장할 때까지 사랑으로 참고 함께해 주는 것은 신앙생활의 필수 요소 중 하나라고 할 수 있다.

(전 4:12) "한 사람이면 패하겠거니와 두 사람이면 능히 당하나니 삼 겹 줄은 쉽게 끊어지지 아니하느니라"

(요일 3:18-19) "자녀들아 우리가 말과 혀로만 사랑하지 말고 오직 행함과 진실함으로 하자 이로써 우리가 진리에 속한 줄을 알고 또 우리 마음을 주 앞에서 굳세게 하리로다"

믿음을 지키는 신앙생활을 몇 마디 말로써 모두 정리하려는 것이 아니다. 위에 제시한 원인과 대책들은 각각 별도의 설교 제목이 될 수 있을 것이다. 원인과 대책들에 관련한 말씀들을 더 깊이 배우고 묵상하며 또 끊임없는 기도와 함께 배운 말씀들을 하나하나 실천해 가면서 우리의 믿음의 역량을 키워 마귀를 능히 대적할 수 있는 강한 그리스도의 군사로서 살아야 할 것이다.

6장

✱

구원의 예정에 관한 오해

✱

예정과 자유 의지
사람의 차원과는 다른 하나님의 차원
구원에 있어서의 예정의 적용
예정과는 다른 예정론
예정론(칼빈주의)의 오류
믿음은 하나님께로부터 부여받는 것인가?
교회를 예정하셨다?

"그 기쁘신 뜻대로 우리를 예정하사
예수 그리스도로 말미암아 자기의 아들들이 되게 하셨으니"
(엡 1:5)

예정과 자유 의지

성경에는 구원받는 것이 하나님의 일방적인 선택에 의하여 이미 예정되어 있다고 암시하는 구절들이 많이 있다. 그러나 동시에 구원받는 것이 예정이 아닌 인간의 자유 의지에 달려 있다고 암시하는 구절들도 역시 많이 있다. 개인이 구원받는 것이 하나님의 선택으로 이미 예정되어 있다면 인간이 자유 의지로 구원받을 수 있는 것이 아니라는 의미가 되고 또 자유 의지로 구원을 받는다면 예정론은 받아들일 수 없을 것이다. 이 두 가지 주장은 역사적으로 오랫동안 대립되어 왔다. 이 두 가지의 주장을 적당하게 섞기도 하고 또 예정에 예외를 두기도 하는 등 나름대로 이 대립을 해결해 보려는 시도들도 있어 왔지만 모순 없이 두 가지 모두를 동시에 진리로 받아들인다는 것은 여전히 어려워 보인다.

또 전도를 위한 상담을 하다 보면 간혹 "하나님께서 전지전능하시다면 누가 구원받을지 하나님께서는 모두 알고 계신가?" 혹은 "사람이 구원받는 것이 이미 예정되어 있는가?"라고 묻는 사람을 심심치 않게 만날 수 있다. 이러한 질문들을 불필요하게 여기거나 덜 중요한 문제로 치부하려는 전도자들을 본 적이 있는데 이는 옳지 못한 태도라고 생각한다. 왜냐면 하나님과 구원에 대하여 배워가는 과정에 있어서 이와 같은 질문이 생기는 것은 자연스러운 것이며 또한 예정에 대한 올바른 이해는 거듭남에 대한 확신과 올바른 신앙생활을 위해서도 필수적이기 때문이다.

　그러면 이와 같은 교리적 대립을 해결할 수는 없는 것일까? 사실, 인간의 시각과 논리로써는 온전히 해결할 수 없는 예정과 자유 의지의 대립은 하나님의 차원에서는 전혀 상충되지도 않고 문제도 되지 않는다. 성경도 이 두 가지 모두를 진리로 증거하고 있다. 따라서 하나님의 차원에 대한 올바른 이해를 갖게 된다면 두 이론 중에 하나만을 선택해야 하고 또 다른 하나는 버려야 하는 딜레마 속에서 벗어나 예정에 대한 명확한 시각을 갖게 되고 또 보다 선명한 신앙의 길을 걷게 될수 있을 것이다.

사람의 차원과는 다른 하나님의 차원

사람은 하나님께서 창조하신 세상(우주)에서 살고 있다. 세상에는 시간과 공간이 존재한다. 그래서 과거, 현재 그리고 미래와 같은 흐르는 시간에 대한 명확한 개념이 있다. 그러나 하나님의 차원은 다르다. 우주를 창조하신 하나님께서는 우주를 구성하고 있는 시간과 공간도 창조하신 분으로서 창조주이신 하나님께서는 피조물인 시간과 공간에 제한을 받지 않으시기 때문이다. 쉽게 말하자면 "시간"이라는 것도 하나님께서 창조하신 창조물의 하나에 불과하다는 뜻이다. 세상이 창조되기 전에는 시간의 개념이 없었다는 것을 아래 구절의 표현을 통해서도 헤아려 볼 수 있다. (디도서 1장 2절에서도 동일한 표현이 사용됨.)

> (딤후 1:9) "하나님이 우리를 구원하사 거룩하신 부르심으로 부르심은 우리의 행위대로 하심이 아니요 오직 자기 뜻과 영원한 때 전부터(before time began; προ χρονων αιωνιων) 그리스도 예수 안에서 우리에게 주신 은혜대로 하심이라"

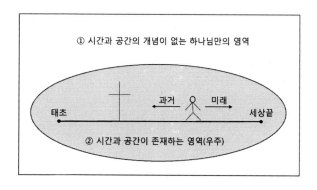

① 시간과 공간의 개념이 없는 하나님만의 영역

과거 미래

태초 세상끝

② 시간과 공간이 존재하는 영역(우주)

하나님께서 창조하신 세상 곧 우리가 살고 있는 세상은 그림의 ②의 영역에 해당하는 제한된 세상에(행 17:26) 불과하지만 하나님 께서는 그림의 ①과 ②의 모든 영역에 존재하신다. (렘 23:24) 그리 고 ①에 해당하는 영역이 바로 인간의 지혜로는 온전히 이해할 수 없는 하나님만의 영역이자 하나님만의 차원이다. (욥 11:7-9) 이처럼 하나님께서는 시간의 흐름 속에 갇혀 계시지 않기 때문에 그분에 게는 과거, 현재 그리고 미래와 같은 개념은 아무런 차이가 없다. 그래서 하나님께는 모든 것이 항상 현재와 같다. 자신의 신성(神性) 을 주장하시며 하셨던 예수님의 말씀(아래)을 보면 인간의 질서와 문법에는 어긋남에도 불구하고 당신의 존재 시점을 현재형으로 명 확하게 표현하고 계심을 알 수 있다.

(요 8:58) "…아브라함이 나기 전부터 내가 있느니라 / before Abraham was, I AM. / πριν αβρααμ γενεσθαι εγω ειμι"

이러한 맥락에서 보면 예정이나 예지라는 말에는 이미 "미리"라는 시간의 개념이 들어가 있기 때문에 이와 같은 표현들도 하나님께는 액면 그대로 적용시킬 수 없다는 것을 알 수 있을 것이다. 그분은 미래의 일을 미리 정해 놓거나 미리 알고 계신 것이 아니라 현재의 시제로 행하시고 또 알고 계신 것뿐이다. 사실은 "현재"라는 말에도 시간의 개념이 이미 들어 있기 때문에 시간을 초월하시는 하나님께는 이 역시 정확한 표현이라고 할 수는 없다. 그렇지만 이해력이 제한된 인간의 한 표현으로서 그분에겐 항상 현재라고 말하는 것이다. 이와 같은 하나님의 시간 개념은 인간의 지혜로는 온전히 이해할 수 없는 영역이라는 것을 인정해야 한다.

성경에는 인간이 온전히 이해하지 못할 하나님의 속성들에 관한 표현, 즉 하나님께만 적용할 수 있는 표현들이 있다. 예를 들면, "영존하시다"거나 "전능(전지 포함)하시다"거나 "후회가 없으시다"는 등. 이런 표현들은 인간과는 차원이 다른 하나님의 속성을 있는 그대로 설명하고 있는 것이다. 동시에 성경에는 하나님께서 마치 인간이신 것처럼 표현한 곳도 있다. 이를 일컬어 신인동형론(神人同形論)적 표현이라고 한다. 예를 들면, 아브라함이 이삭을 제물로 바치려고 했을 때 "내가 이제야 네가 하나님을 경외하는 줄을 아노라."(창 22:12)라고 하시면서 마치 아브라함이 이삭을 바치리라는 것을 그전에는 전혀 모르셨던 것처럼 표현하신 곳도 있고 또 "내가 사울을 세워 왕 삼은 것을 후회하노니"(삼상 15:11)라고 하시면서 마치 사울왕이 불순종할 것을 모르셨던 것처럼 표현하신 곳도 있다.

하나님께서는 인간과는 달리 신의 성품과 능력을 가지고 계신 것이 분명한데 왜 마치 모르는 것이 있는 연약한 인간처럼 표현을 하신 것일까? 이것은 인간의 눈높이에 맞추어 주시는 인간을 위한 하나님의 특별한 배려이다. 만일 하나님의 차원으로만 즉, 시간의 개념이 없이 현재형으로만 모든 성경을 기술해 나간다면 아무도 성경을 온전히 이해하거나 해석할 수 없을 것이다. 때로는 하나님 차원의 표현으로써 시공을 초월하시는 절대자로서의 하나님을 드러내고 계시며 또 때로는 인간 차원의 표현을 사용하심으로써 인간의 눈높이에 맞추어 사람들에게 필요한 메시지를 전달하고 계시는 것이다.

그러면 예정(豫定) 혹은 예지(豫知)는 하나님 차원의 표현일까? 아니면 인간 차원의 표현일까? 이는 하나님의 차원을 인간 차원의 언어로 표현한 것이다. 앞서 설명했듯이 예정이나 예지의 예(豫)자는 "미리 예" 자이다. 이는 이미 "미리"라는 시간의 개념을 포함하고 있으므로 인간 차원의 표현이다. 동시에 미래의 일까지도 모두 알고 계시는 것이 인간이 온전히 헤아릴 수 없는 하나님만의 전지전능의 능력이다. 그래서 온전히 헤아릴 수 없는 하나님의 전지전능의 능력을 인간의 차원으로 겨우 표현한 것이 예정과 예지인 것이다.

성경은 이처럼 다양한 표현을 사용하고 있다. 이는 인간을 위한 하나님의 지혜로우신 배려인 것이다. 언급한 성경의 다양한 표현 방법과 그 예를 간단히 표로 정리해 보면 다음과 같다.

신적인 표현	하나님은 … 후회가 없으시도다(민 23:19)
인간적 표현	내가 … 후회하노니(삼상 15:11)
신성의 인간적표현	미리 아신 자들…(롬 8:29)

이와 같은 다양한 표현이 공존하기 때문에 성경이 경우에 따라서는 다소 난해하게 느껴지는 것이 사실이고 그래서 더욱 성령의 조명이 필요한 것이다.

구원에 있어서의 예정의 적용

구원에 있어서도 성경에는 두 가지 표현이 모두 사용되고 있다. 하나님께서는 우리가 거듭나게 될지 미리 알고 계실까? 혹은 우리가 최종적으로 영화에 이르게 될지 아니면 중간에 배도하게 될지, 이미 모두 알고 계실까? 결론부터 말하자면 당연히 알고 계신다. 전지전능하신 하나님께서 모르실 수가 없다. 인간의 구원 여부가 인간들에겐 아직 일어나지 않은 미래의 일이라 할지라도 하나님께는 미래의 일이 아니기 때문이다. 즉, 하나님께서는 인간 개개인의 최종적인 구원 여부도 현재의 시점으로 모두 알고 계신다. 이러한 사실들이 예정이나 예지와 같은 말들로서 성경에 표현되어 있는 것이다.

그러나 구원에 있어서의 예정과 예지는 모두 시간을 초월하시는 하나님의 차원과 능력을 시간 속에 살고 있는 인간에게 이해시키기 위한 표현의 한 방법으로만 이해되어야 한다. 이것을 전도나 구원받음의 과정에 억지로 적용하려고 하면 문제가 생긴다. 인간 세상에 적용할 수 없는 것을 억지로 적용하려고 하다가는 하나님께서 인간들을 위해 만드신 질서와 논리가 깨지게 되기 때문이다. 구원을 받을지의 여부는 시간의 흐름 속에 살고 있는 인간들에게는 아직 일어나지 않은 미래의 일일 뿐만 아니라 각자의 자유 의지에 따라 구원 여부가 결정된다고 믿는 것이 인간의 차원에서의 올바른 이해이다.

예를 들면, 사도 바울의 전도 여행 중 만났던 빌립보의 간수가 바울에게 어떻게 하면 구원을 얻을 수 있는지 물었을 때 그는 "주 예수를 믿으라 그리하면 너와 네 집이 구원을 얻으리라"(행 16:31)라고 답했다. "너는 예정되어 있으니 믿게 될 것이다"라거나 "믿어지면 구원받게 될 것이다"라고 말한 것이 아니다. 바울은 간수의 스스로의 의지로 믿어야 한다고 분명하게 선포하고 있고 그의 구원 여부는 명백하게 그의 믿음에 달려 있음을 알 수 있다.

그렇다면 사도들이 기록한 신약 성경에는 인간에게 적용할 수도 없고 오히려 오해의 소지가 많은 예정의 표현들이 왜 그렇게 자주 사용되었을까? 그 이유를 크게 세 가지로 정리해 보고자 한다.

첫째, 인간이 구원에 이르는 과정에 있어서 모든 감사와 영광을 하나님께만 돌리기 위해서이다. 진정으로 거듭남을 경험한 사람들은 자신이 거듭나는 과정에 스스로 기여할 수 있는 일이 아무것도 없다는 것을 깨닫고 전능하신 하나님께만 전적으로 매달리게 된다. 자유 의지를 강조하는 알미니안주의(후반부에 별도로 설명)의 위험성 중 하나는 구원받는 것이 전적으로 자기의 의지나 능력에 달려 있는 것처럼 오해될 소지가 있다는 것이다. 즉, 죄인이 회개와 구원에 이르기까지의 과정에 있어 성령을 통한 하나님의 적극적인 개입이 무시될 가능성이 있다는 것이다. 전능하신 하나님 앞에 무능하고 무익한 자신의 모습을 온전히 발견한다면 마치 예수님의 능력을 경험하고 그 앞에서 꼬꾸라졌던 베드로처럼 하나님 앞에서 항복하게 될 것이다. 구원받는 것은 우리의 결심(decision)에 달린 문제가 아니라 항복(surrender)에 달려 있다고 하는 이유가 바로 여기에 있다. 그 결과 구원받는 과정에 있어서 모든 공로를 하나님께만 돌림으로써 모든 감사와 영광을 하나님께 드릴 수 있게 된다.

> (엡 1:4-6) "곧 창세전에 그리스도 안에서 우리를 택하사 우리로 사랑 안에서 그 앞에 거룩하고 흠이 없게 하시려고 그 기쁘신 뜻대로 우리를 예정하사 예수 그리스도로 말미암아 자기의 아들들이 되게 하셨으니 이는 그의 사랑하시는 자 안에서 우리에게 거저 주시는 바 그의 은혜의 영광을 찬미하게 하려는 것이라"

> (엡 1:9-12) "그 뜻의 비밀을 우리에게 알리셨으니 곧 그 기쁘심을 따라 그리스도 안에서 때가 찬 경륜을 위하여 예정하신 것이니… 모든 일을 그 마음의 원대로 역사하시는 자의 뜻을 따라 우리가 예정을 입어 그 안에서 기업이 되었으니… 이는 그리스도 안에서 전부터 바라던 우리로 그의 영광의 찬송이 되게 하려 하심이라"

둘째, 전도를 함에 있어서도 모든 공로를 하나님께 돌리기 위해서이다. 우리의 능력과 열심으로 전도를 하기에 앞서 하나님께서 알고 계신(정하신) 사람들에게 우리를 보내신다는 사실을 알게 됨으로써 이 귀한 하나님의 사역에 우리를 도구로 사용해 주신 하나님을 찬양하기 위함이다.

> (엡 3:7-8) "이 복음을 위하여 그의 능력이 역사하시는 대로 내게 주신 하나님의 은혜의 선물을 따라 내가 일꾼이 되었노라 모든 성도 중에 지극히 작은 자보다 더 작은 나에게 이 은혜를 주신 것은 측량할 수 없는 그리스도의 풍성을 이방인에게 전하게 하시고"

> (딤후 2:10) "그러므로 내가 택하신 자를 위하여 모든 것을 참음은 저희로도 그리스도 예수 안에 있는 구원을 영원한 영광과 함께 얻게 하려 함이로라"

셋째, 계시를 통하여 선도하기 위해서이다. 신명기서는 가나안 땅으로 들어가게 될 이스라엘 백성들을 위한 모세의 유언과 같은데 전체적으로는 약속의 땅에서는 하나님 말씀에 순종하며 살 것을 간절하게 당부하고 있는 내용이다. 그런데 신명기 31장 16절을 보면 그들의 미래는 이미 정해져 있는 것처럼 보이며 또 이 말씀대로 역사상 이루어졌다.

> (신 31:16) "여호와께서 모세에게 이르시되 너는 너의 열조와 함께 자려니와 이 백성은 들어가 거할 그 땅에서 일어나서 이방신들을 음란히 좇아 나를 버리며 내가 그들과 세운 언약을 어길 것이라"

여기서 우리는 신중하게 잘 생각해 봐야 한다. 이미 그들의 불순종의 운명이 정해져 있었다면 왜 하나님께서는 모세를 통하여 서른네장(사실, 신명기서 전체)에 걸친 장대한 분량의 당부를 그들에게 하신 것인가? 그 이유는 한마디로 그들에게 미리 강한 경고를 주심으로써 그들에게 제발 순종할 것을 강하게 말씀하고 계신 것이다.

가롯 유다의 경우도 마찬가지이다. 예수님께서는 그가 자기를 팔아 넘길 운명으로 태어났기 때문에 어쩔 수 없다는 것을 말씀하신 것이 아니라 강한 경고를 통해서 당신이 끝까지 사랑하셨던 가롯 유다를 미리 선도하려고 하신 것이다. 멸망이 예정되었던 선지자 요나 시대의 니느웨성의 사람들과 죽음이 예정되었던 히스기야도 그들의 예정된 운명을 미리 듣고서 진심으로 회개하고 하나님께 간절히 구했기 때문에 하나님께서는 당신의 계획도 바꾸셨음을 기억하자.

> (잠 29:18) "묵시가 없으면 백성이 방자히 행하거니와 율법을 지키는 자는 복이 있느니라"

결론적으로 예정의 표현들을 거듭남과 전도의 과정에 억지로 적용해서는 안 된다. 구원과 관련된 예정의 말씀들은 하나님의 차원과 능력을 인간의 눈높이에 맞추어 설명한 표현의 한 방법일 뿐이지 전도의 과정에 적용하라고 주신 말씀이 아니다. "믿으라!"는 항상 명령형이며 우리의 자유 의지에 호소하고 있다는 것과 자유 의지의 사용에는 반드시 책임이 따른다는 것을 기억해야 한다. 동시에 예정의 사실을 통해 전능하신 하나님 앞에서 항상 겸손함을 잃지 말아야 한다.

스펄전(Spurgeon)은 '천국 문 바깥쪽에는 "누구든지 오라!"라고 쓰여 있고 안쪽에는 "창세전에 내가 너를 택했다"라고 쓰여 있다'라는 표현을 했고 미국에서 활동했던 저명한 경건주의 설교자인 레오나르드 레이븐힐(Leonard Ravenhill)은 '칼빈주의처럼 생각하고 알미니안주의처럼 행동하라'라고 표현했는데 이런 말들이 예정과 자유 의지에 대한 올바른 이해를 보여 주고 있다고 하겠다.

예정과는 다른 예정론

예정(predestination)과 예정론(predestinarianism)은 서로 같지 않다. 예정은 성경적 표현이지만 예정론은 전혀 성경적이지 않다. 예정은 앞서 설명한 것처럼 모든 것을 알고 계시는 하나님의 차원과 그의 능력을 이해하기 위한 하나의 표현에 불과하지만 예정론(칼빈주의)은 예정을 인간의 구원받음의 과정에 억지로 적용하려는 인간들의 이론일 뿐이다. 그들은 "거듭나는 것은 인간의 믿으려는 의지와는 상관이 없이 하나님의 선택에 의하여 이미 결정되었다"라고 가르친다. 그들도 회개와 믿음을 강조하지만 결국에는 하나님께서 선택하신 사람들이 아니라면 회개할 수도 또 믿을 수도 없다고 가르치는 것이 문제이다.

예정론 즉, 칼빈주의(Calvinism)는 루터와 함께 종교 개혁에 앞장섰던 칼빈(Calvin)이라는, 1509년에 태어난 프랑스 신학자의 이름에서 따온 것인데 소위 TULIP(*다음 페이지의 표 참조)이라고 불리는 5가지 핵심 교리로 대변되고 있다. 이 교리는 1560년에 태어난 네덜란드 신학자인 알미니우스(Alminius)가 정립한 5가지 교리(remonstrance)에 대항하기 위해 칼빈이 죽은 후에 칼빈에 의해서가 아닌 그의 추종자들에 의해서 정립되었다. 알미니우스도 초기에는 당시에 정통으로 여겨졌던 칼빈주의를 추종했었다. 그가 제네바로 유학을 갔었을 때에는 칼빈의 후계자인 데오도르 베자(Theodore Beza)에게 교육을 받기도 했다. 그러나 칼빈주의의 오류를 발견하고 나서부터는 예정론에 반대 입장을 취하기 시작했다. 결국 예정론의 오류를 지적하는 5가지 교리를 정립하였고 이것이 오늘날의 알미니안주의(Arminianism)가 되었다. 참고로, 칼빈주의는 오늘날 개혁주의(Reformism)라는 이름으로도 불리는데 엄밀히 말하면 개혁주의와 칼빈주의는 같은 개념은 아니다.

**칼빈주의와 알미니안주의의 비교

칼빈주의(Calvinism)	알미니안주의(Arminianism)
전적인 타락(Totalde pravity) 인간은 완전히 타락하여 스스로의 능력으로 하나님을 찾을 수 없다. 따라서 하나님의 선택으로만 가능하다.	**자유 의지는 존재** 인간은 완전히 타락했으나 성령의 인도와 자유 의지로 하나님을 찾을 수 있다.
무조건적인 선택 **(Unconditional election)** 전적인 하나님의 주권에 의해 구원받을 사람이 무조건적으로 선택된다.	**조건적인 선택** 자유 의지로 믿는 사람만 선택된다.
제한적 속죄(Limited atonement) 예수님의 속죄는 하나님의 주권으로 선택된 사람들에게만 유효하다.	**전 인류를 위한 속죄** 예수님의 속죄는 모든 인류에게 유효하다.
저항할 수 없는 은혜 **(Irresistible grace)** 선택된 사람에게 베푸시는 하나님의 은혜는 거부할 수 있는 능력이 없다.	**거부 가능한 은혜** 모든 사람들에게 베푸시는 하나님의 은혜를 자유 의지로 받아들이거나 거부할 수 있고 거기에는 대가가 따른다.
성도의 견인 **(Perseverance of saints)** 선택된 사람은 결코 잃어지지 않는다.	**상실의 가능** 다시 잃어지지 않도록 성도의 믿음은 끝까지 지켜져야 한다.

예정론(칼빈주의)의 오류

① 전적인 타락

인류의 조상인 아담의 타락은 곧 온 인류의 타락을 의미했고 이미 타락해 버린 인간에게는 '스스로 선(善)을 찾을 수 있는 능력이나 의지조차 없다'(롬 3:10-12)는 사실은 성경이 가르치고 있는 명백한 진리이다. 그러나 이 때문에 자기의 의지로는 거듭날 수 없다는 칼빈주의의 주장에는 큰 오해가 있었다. 왜냐하면 이렇게 전적으로 타락한 모든 인간들에게 하나님께서는 주권적 사랑을 베푸셔서 성령의 인도함을 받게 하셨기 때문이다. 이미 타락한 인간들에게 또 성령을 통해 하나님의 자녀가 될 수 있는 기회를 다시 열어 놓으신 것이다. 그리고 인간들은 이 성령의 인도에 자기의 의지를 동반하여 올바르게 반응할 책임이 있는 것이다.

> (롬 2:4-5) "혹 네가 하나님의 인자하심이 너를 인도하여 회개케 하심을 알지 못하여 그의 인자하심과 용납하심과 길이 참으심의 풍성함을 멸시하느뇨 다만 네 고집과 회개치 아니한 마음을 따라 진노의 날 곧 하나님의 의로우신 판단이 나타나는 그날에 임할 진노를 네게 쌓는도다"

위의 말씀을 통해서 하나님의 사랑이 그들을 인도하여 회개케 하셨다는 것과 또한 심판의 날에 진노를 받는 이유가 그 사랑과 인도하심을 거부한 인간의 고집에 있다는 것을 분명히 알 수 있다.

> (마 23:37) "예루살렘아 예루살렘아 선지자들을 죽이고 네게 파송된 자들을 돌로 치는 자여 암탉이 그 새끼를 날개 아래 모음같이 내가 네 자녀를 모으려 한 일이 몇 번이냐 그러나 너희가 원치 아니하였도다"

위의 말씀을 통해서도 분명히 알 수 있는 것은 하나님께서 이스라엘 민족을 구하려고 수없이 시도하셨다는 것과 그럼에도 불구하고 이스라엘 민족이 보호받지 못한 것은 그들이 원치 않았기 때문이라고 말씀하시면서 그들의 책임을 분명히 하셨다는 것이다.

> (겔 33:11) "주 여호와의 말씀에 나의 삶을 두고 맹세하노니 나는 악인의 죽는 것을 기뻐하지 아니하고 악인이 그 길에서 돌이켜 떠나서 사는 것을 기뻐하노라 이스라엘 족속아 돌이키고 돌이키라 너희 악한 길에서 떠나라 어찌 죽고자 하느냐 하셨다 하라"

본 절의 말씀은 하나님께서 당신의 삶을 두고 맹세하신 말씀이다. 하나님의 성품이 분명하게 드러난 이러한 말씀 앞에서 감히 어떻게 하나님께서 의인과 악인을 예정하시고 그들의 생사를 미리 결정하셨다는 말을 할 수 있는가?

인간의 전적인 타락은 사실이지만 타락한 죄인들을 위하여 성령께서 역사하고 계신다는 것과 각자의 자유 의지로 성령의 인도하심에 순응하면 누구든지 거듭날 수 있다는 것 또한 사실이다.

② 무조건적인 선택

하나님의 절대 주권(sovereignty)에 대한 오해에서 비롯된 교리이다. 하나님께서는 전 우주를 초월 통치하고 계시며 당신의 뜻대로 이끌고 계시는데 인간이 자유 의지를 가지고 있다면 하나님께서 계획하신 것이 그들의 자유 의지에 의해 틀어질 수도 있다는 오해를 하고 있는 것이다. 하나님의 절대 주권과 전능하심을 근거로 한 이와 같은 주장은 하나님의 진정한 능력을 오해한 데서 비롯된 것으로서 오히려 하나님의 능력을 축소하고 제한하는 결과를 낳고 있다.

예를 들어 설명해 보겠다. 한 유능한 축구 선수가 혼자서 11명의 선수와 대결해도 이길 수 있다는 선포를 하고 난 뒤, 이를 입증하기 위해서 상대방의 선수들을 모두 프로그램된 로봇으로 배치했다고 생각해 보자. 11명의 프로그램된 로봇과 상대해서 이긴 것이 진정한 능력일까? 하나님께서는 인간들과 이렇게 프로그램된 게임을 하시는 것이 아니다. 오히려 인간들에게 자유 의지를 주고서도 당신의 뜻대로 역사를 이끌어 가시는 것이 하나님의 진정한 절대 주권이자 우리의 상상을 뛰어 넘는 전능하심이다. 인간의 제한된 사고력으로 인해 헤아릴 수 없는 하나님의 능력을 제한하는 우를 범해서는 안 된다.

미국의 유명한 신학자인 토저(A. W. Tozer)는 일찍이 "하나님께서는 초월 통치(sovereign)하시기 때문에 인간들에게 자유 의지를 허락하신다"라고 말했는데 그의 이러한 표현이 하나님의 전능하심과 주권에 대한 올바른 이해를 나타낸다고 보인다.

또한 무조건적인 선택의 교리는 하나님의 사랑의 성품과도 위배된다. 간혹, 칼빈주의자들 중에는 하나님께서 자신을 창세전에 선택해 주셨다는 것을 깨닫고서 그분의 사랑에 더 감사하게 되었다고 말하는 사람이 있다. 그런데 이는 오히려 하나님의 사랑에 대하여 크게 오해하고 있다는 반증이다. 무조건적인 선택을 과연 사랑이라고 말할 수 있을까? 선악과를 통해서 하나님의 배려와 사랑에 대한 인간의 반응을 보고자 하신 것처럼 하나님의 짝이 되기 위한 진정한 사랑은 조건적일 수밖에 없다. 서로를 알아 가는 과정을 통해 그리고 서로에 대한 반응을 통해 사랑을 느끼게 되고 빠지게 되는 것처럼 하나님께서 신부를 선택하시는 방법도 마찬가지이다. 중매를 통해서도 사랑은 시작될 수 있지만 낯선 사람을 선택하는 것 자체가 사랑이라고 말할 수 없는 이치이다.

하나님의 무궁하고 무조건적인 사랑은 모든 타락한 죄인에게 그리스도를 통해 공평하게 선포되었다. 이제 그의 사랑의 짝이 되는 것은 무작위적인 선택으로 되는 것이 아니라 그가 이미 보여 준 사랑에 합당하게 반응하는 것으로 결정된다. 그의 무조건적인 사랑은 전 인류를 대상으로 한 것이고 그의 짝이 되기 위해서는 그의 사랑에 합당하게 반응해야 하는 조건적인 사랑인 것이다.

그리고 무조건적인 선택은 하나님의 공평의 성품과도 맞지 않는다. 하나님의 변치 않는 기본적인 성품은 사랑뿐만 아니라 공평과 공의이다. 그분은 편애(편벽함)가 없으신 분이라고 성경은 수없이 반복한다. (신 10:17, 대하 19:7, 행 10:34, 롬 2:11, 엡 6:9…) 그리고 성경은 구약의 이스라엘 민족들과 신약의 그리스도인들에게도 편벽함이 없이 행할 것을 거듭거듭 강조하고 있다. 편벽함이 없으신 분께서 어떻게 선택될 사람과 버려질 사람을 미리 구분하셨다는 말인가? 선택받은 사람들은 비록 무작위적이라 하더라도 하나님께 선택을 받은 것에 감사할 수 있다고 치자. 그러면 선택되지 못한 더 많은 영혼들은 무슨 죄로 버려져야 하는가? 하나님께서 그들을 심판하실 때 무작위로 버려진 자들로부터도 역시 공평했다는 평을 들으실 수 있을까?

(롬 3:3-6) "어떤 자들이 믿지 아니하였으면 어찌하리요 그 믿지 아니함이 하나님의 미쁘심을 폐하겠느뇨 그럴 수 없느니라 사람은 다 거짓되되 오직 하나님은 참되시다 할지어다 기록된 바 주께서 주의 말씀에 의롭다 함을 얻으시고 판단받으실 때에 이기려 하심이라 함과 같으니라 그러나 우리 불의가 하나님의 의를 드러나게 하면 무슨 말하리요 내가 사람의 말하는 대로 말하노니 진노를 내리시는 하나님이 불의하시냐 결코 그렇지 아니하니라 만일 그러하면 하나님께서 어찌 세상을 심판하시리요"

이 시대의 대표적인 복음주의자이자 칼빈주의자인 미국의 존 맥아더(John McArthur) 목사가 이와 관련된 질문을 받았을 때 자신도 온전히 이해할 수 없고 솔직히 설명할 수도 없을뿐더러 심지어 긴장감(tension)을 느낀다고 많은 목회자들 앞에서 고백하는 영상을 본 적이 있다. 설명할 수 없고 받아들이기 어려운 주장은 그가 말한 대로 확신이 아닌 긴장감만 만들 뿐이다.

③ 제한된 속죄

예수님께서 십자가에서 이루신 속죄는 모든 인류를 위한 것임도 성경이 반복해서 가르치고 있는 분명한 진리이다.

> (요 1:29) "이튿날 요한이 예수께서 자기에게 나아오심을 보고 가로되 보라 세상 죄를 지고 가는 하나님의 어린 양이로다"

> (롬 8:32) "자기 아들을 아끼지 아니하시고 우리 모든 사람을 위하여 내어주신 이가 어찌 그 아들과 함께 모든 것을 우리에게 은사로 주지 아니하시겠느뇨"

> (딤전 2:6) "그가 모든 사람을 위하여 자기를 속전으로 주셨으니 기약이 이르면 증거할 것이라"

> (딤전 4:10) "이를 위하여 우리가 수고하고 진력하는 것은 우리

소망을 살아 계신 하나님께 둠이니 곧 <u>모든 사람</u> 특히 믿는
자들의 구주시라"

(히 2:9) "오직 우리가 천사들보다 잠간 동안 못 하게 하심을
입은 자 곧 죽음의 고난받으심을 인하여 영광과 존귀로 관 쓰
신 예수를 보니 이를 행하심은 하나님의 은혜로 말미암아 <u>모
든 사람을 위하여</u> 죽음을 맛보려 하심이라"

(요일 2:2) "저는 우리 죄를 위한 화목 제물이니 <u>우리만</u> 위할
뿐 아니요 온 세상의 죄를 위하심이라"

예수님의 속죄가 제한된 사람만을 위한 것이 아니라 모든 사람
들을 위한 것인 것처럼 믿음을 통한 거듭남도 모든 사람을 위한 것
임을 아래의 구절들이 명백히 하고 있다.

(눅 2:30-31) "내 눈이 주의 구원을 보았사오니 이는 <u>만민 앞에</u>
예비하신것이요"

(딛 2:11) "<u>모든 사람에게</u> 구원을 주시는 하나님의 은혜가 나
타나"

(딤전 2:4) "하나님은 <u>모든 사람이</u> 구원을 받으며 진리를 아는
데 이르기를 원하시느니라"

(벧후 3:9) "주의 약속은 어떤 이의 더디다고 생각하는 것같이

더딘 것이 아니라 오직 너희를 대하여 오래 참으사 <u>아무도 멸망치 않고 다 회개하기에 이르기를 원하시느니라"</u>

무작위적인 선택에 의한 제한된 속죄란 하나님의 성품과도 전혀 어울리지 않는다. 무조건적이고 무궁한 사랑(렘 31:3)은 하나님만의 중요한 성품이고 그 사랑은 당신의 독생자의 희생을 통한 속죄로 세상에 나타난 바 되었다.

> (요일 4:9-10) "하나님의 사랑이 우리에게 이렇게 나타난 바 되었으니 하나님이 자기의 독생자를 세상에 보내심은 저로 말미암아 우리를 살리려 하심이니라 사랑은 여기 있으니 우리가 하나님을 사랑한 것이 아니요 오직 하나님이 우리를 사랑하사 우리 죄를 위하여 화목제로 그 아들을 보내셨음이니라"

이 사랑은 기독교의 핵심이다. 교회마다 "하나님은 혹은 예수님은 당신을 사랑하십니다"라고 소리 높여 외치고 있으며 "Jesus loves you."라는 찬양도 만들어 부르고 있다. 그런데 만약 이 속죄가 무작위로 선택된 사람들만을 위한 제한된 속죄라면 아직 예수님을 믿고 있지 않는 전도 대상에게 "하나님은 혹은 예수님은 당신을 사랑하신다"라고 결코 자신 있게 말할 수 없다. 왜냐면 그는 선택되지 못한 사람일 수도 있기 때문이다. 이 얼마나 어처구니없는 모순인가?

하나님께서 온 세상을 사랑하신다는 것은 논란의 여지가 없는 절대적 진리이다. (요 3:16) 마찬가지로 하나님의 모든 사람을 향한 편애 없는 사랑 또한 하나님의 고유한 성품이자 양보할 수 없는 중요한 진리이다.

④ 거부할 수 없는 은혜

앞서 전적인 타락에 대하여 설명할 때, 모든 인류를 향한 성령의 인도하심이 있음과 형벌을 받는 것은 성령의 인도하심을 따르지 않은 각자의 책임이라고 로마서 2장 4-5절을 통해 이미 입증하였다. 모든 인류를 향한 하나님의 무조건적인 사랑은 진리이지만 그 하나님의 사랑을 거부하는 것은 안타깝게도 가능하다. 만일 하나님의 은혜와 성령의 인도하심을 거부할 수 없다면 그것은 정상적인 사랑의 관계가 아닌 하나의 프로그램된 연출일 뿐이다. 아래의 구절들을 통해서도 구원받지 못한 책임이 모두 스스로에게 있음을 분명히 하고 있다.

> (행 13:46) "바울과 바나바가 담대히 말하여 가로되 하나님의 말씀을 마땅히 먼저 너희에게 전할 것이로되 너희가 버리고 영생 얻음에 합당치 않은 자로 자처하기로 우리가 이방인에게로 향하노라"

> (살후 2:10-12) "불의의 모든 속임으로 멸망하는 자들에게 임하

리니 이는 저희가 진리의 사랑을 받지 아니하여 구원함을 얻지 못함이니라 이러므로 하나님이 유혹을 저의 가운데 역사하게 하사 거짓 것을 믿게 하심은 진리를 믿지 않고 불의를 좋아하는 모든 자로 심판을 받게 하려 하심이니라"

(벧후 2:1) "그러나 민간에 또한 거짓 선지자들이 일어났었나니 이와 같이 너희 중에도 거짓 선생들이 있으리라 저희는 멸망케 할 이단을 가만히 끌어들여 자기들을 사신 주를 부인하고 임박한 멸망을 스스로 취하는 자들이라"

⑤ 성도의 견인

하나님께서 선택하셔서 거듭난 사람은 절대 잃어지지 않도록 하나님께서 지켜 주신다는 주장이다. 거듭나는 것이 인간의 자유 의지와는 상관없이 하나님의 선택에 의해서만 일어난다면 논리적으로 타당한 주장이다. 하지만 이미 설명한 대로 이 주장은 예정에 대한 오해에서 비롯된 결과론적인 주장일 뿐이다. 또 칼빈주의자들은 이 이론을 입증하기 위하여 하나님께서 성도를 지켜 주신다는 성경 말씀들을 많이 인용하는데 거기에는 항상 "믿음을 지키라"라는 조건이 있음을 인정하지 않는다. 우리의 믿음에 대해서는 항상 권고와 명령으로 일관하신 반면 무조건적으로 보장하신 적은 한 번도 없다.

그뿐만 아니라 성경은 믿음이 떨어지거나 파선되거나 버리는 수 많은 예를 들어 가면서 배도(背道, apostasy)의 가능성을 말씀하고 있고 그 결과 그리스도로부터 떨어질 수 있음(롬 11:20-23, 갈 5:4 등)도 수없이 경고하고 있다. 하나님께서 보장하시는 것은 구원하심의 영역이지 구원받음의 영역이 아니라는 점을 다시 한번 상기하기 바란다.

또 칼빈주의자들은 "거듭남이 취소될 수 있다면 구원의 확신을 가지고 사는 것은 불가능하다"라고 비평한다. 그러나 실상은 오히려 그 반대이다. 칼빈주의자들의 주장대로 거듭나는 것이 개인의 의지와 상관이 없이 하나님의 무조건적인 선택에 의한 것이라면 그가 진정 구원받았는지는 천국 문 앞에 가서야 비로소 확인할 수 있을 것이다. 한때 구원의 확신 속에서 신앙생활을 하다가 후에 믿음을 저버리는 많은 사람들을 볼 수 있는데 칼빈주의자들은 그들은 처음부터 선택(구원)받은 것이 아니었다고 주장한다. 하지만 생각해보라. 현재는 비록 자신의 믿음에 만족하며 생활하고 있다 할지라도 하나님께서 선택한 사람이 아니라면 자신도 결국엔 믿음을 얼마든지 저버릴 수 있다. 결국 천국 문에 이르기 전까지는 아무도 자신이 최종적으로 선택된 사람인지 알 수도 없고 진정한 구원의 확신도 가질 수 없게 된다는 말이 된다.

그러나 성경은 스스로 거듭남의 확신을 가질 것을 분명히 명하고 있다. (고후 13:5, 요일 5:13) 그리고 우리가 확신을 가질 수 있도록 거듭남의 기준도 분명하게 제시하고 있는데 그것은 다름 아닌 우리의 믿음이다. 믿음은 결코 우리의 능력이나 행위가 아니다. 성령의 도우심과 인도하심에 따른 마음으로의 순종일 뿐이다. 그리고 이 순종에는 각자의 의지가 결부된다. 그래서 스스로 구원 여부를 알 수 있고 믿음에서 떠나지 않는 한 오히려 구원의 확신을 가지고 살 수 있는 것이다.

믿음은 하나님께로부터 부여받는 것인가?

믿음은 각자의 자유 의지로 보여야 할 책임이 아니라 하나님께로부터 부여받는 것이며 그래서 자동적으로 지켜지는 것이라고 주장하기도 하는데 아래의 4개의 성경 구절이 주요 근거로 인용되고 있다. 과연 정말 그런지 하나씩 살펴보자.

① 데살로니가후서 1장 10절

> (살후 1:10) "그 날에 강림하사 그의 성도들에게서 영광을 얻으시고 모든 믿는 자에게서 기이히 여김을 얻으시리라 (우리의 증거가 너희에게 믿어졌음이라)"

데살로니가후서 1장 10절의 '믿어졌음'이란 믿음의 대상인 예수님에 대한 의탁하는 믿음을 의미하는 것이 아니다. 사도 바울과 그의 동역자들의 증거 즉 그들의 가르침이 데살로니가의 성도들에게 올바른 진리로서 전달되고 깨우쳐졌다는 말씀이지, 예수님을 온전히 믿고 의뢰하는 믿음이 저절로 주어졌다는 말씀이 전혀 아니다.

앞서 이미 설명한 대로 지적인 인정으로서의 믿음과 의탁의 믿음은 구별되어야 한다. 지식적으로 갖게 되는 믿음은 수동적으로 얼마든지 가능하지만 구원받기 위하여 주님을 믿어야 하는 믿음은 반드시 우리의 의지가 필요한 능동적 믿음이어야 한다. 그래서 믿지 않는 것을 불순종이라고 하는 것이다. (히 3:12, 4:2, 6, 벧전 1:22 등)

② 야고보서 2장 1절

(약 2:1) "내 형제들아 영광의 주 곧 우리 주 예수 그리스도를 믿는 믿음을 너희가 받았으니(εχετε) 사람을 외모로 취하지 말라"

야고보서 2장 1절은 개역 한글에서는 "믿음을 너희가 받았으니" 라고 번역되어 있으나 헬라어 원문에서는 "εχετε(소유하다)" 2인칭 현재 직설법으로서 수동태가 아니다. 원문을 살려 제대로 해석하자면 "…그리스도를 믿는 믿음을 <u>가져</u> 사람을 외모로 취하지 말라" 라고 해야 한다.

③ 베드로후서 1장 1절

(벧후 1:1) "예수 그리스도의 종과 사도인 시몬 베드로는 우리 하나님과 구주 예수 그리스도의 의를 힘입어 동일하게 보배로운 믿음을 우리와 같이 받은(λαχουσιν) 자들에게 편지하노니"

베드로후서 1장 1절의 "받은"이라고 번역된 곳은 헬라어 원문에서는 "λαχουσιν(제비뽑다, 눅 1:9)"의 의미로서 본 절은 예정의 시각으로 믿음을 표현한 것이다. 베드로전서 1장 2절에도 "곧 하나님 아버지의 미리 아심을 따라 성령의 거룩하게 하심으로 순종함과 예수 그리스도의 피 뿌림을 얻기 위하여 택하심을 입은 자들에게 편지하노니…"와 같은 예정의 표현을 발견할 수 있는데 이를 통해 베드로전서와 베드로후서 모두 일관되게 예정의 표현의 인사말로 시작하고 있음을 알 수 있다. 그리고 이와 같은 예정의 표현을 사용한 인사말은 당시에 베드로뿐만 아니라 다른 사도들에 의해서도 자주 사용되고 있었음을 발견할 수 있다. (롬 16:13, 딛 1:1, 요이 1:1, 유1:1…) 즉, 예정에 관한 개념이 올바르게 정립되어 있지 않으면 본 구절도 올바르게 소화할 수 없다. 앞서 3장에서 이미 설명한 바와 같이 사도 베드로도 예정의 표현을 통해 하나님과 예수님께 영광을 돌리려고 한 것이 그의 목적이지 예정론을 주장하려는 것이 그의 의도가 아님을 기억해야 한다.

뿐만 아니라 베드로후서의 전체적인 메시지는 "거짓교사들의 미혹에 빠지지 말고 영원한 나라에 들어갈 수 있도록 믿음을 끝까지 지키라"는 권고로 일관하고 있음을 알 수 있다. (벧후 1:10~11, 3:17)

따라서 전체적인 맥락을 무시한 채, 본 절만 따로 떼어서 예정론을 의미한다고 주장하는 것은 결코 바람직하지 않다.

④ 유다서 1장 3절

> (유 1:3) "사랑하는 자들아 내가 우리의 일반으로 얻은 구원을 들어 너희에게 편지하려는 뜻이 간절하던 차에 성도에게 단 번에 주신 믿음의 도를 위하여 힘써 싸우라는 편지로 너희를 권하여야 할 필요를 느꼈노니"

본 절에서의 "단번에 주신 믿음의 도"에서의 "주신 믿음의 도"는 믿음이 사람의 의지와 상관없이 부여된다는 의미도 아니고 믿음을 무조건적으로 보장한다는 의미도 아니다. "주다"의 원어인 "파라디도미(παραδίδωμι)"는 '권세나 사용권을 넘겨주다' 혹은 '관리하도록 넘겨주다'의 의미로 사용되는 단어로서 (마 11:27, 눅 4:6, 눅 10:22, 고전 15:24 등) '무작위적인 선택에 의해 주어진 믿음의 도'의 의미가 아니라 '관리하라고 맡겨진 믿음의 도'의 의미로 해석되어야 한다. 또한 곧바로 이어지는 "믿음의 도를 위하여 힘써 싸우라"라는 강한 권고의 말씀을 통해서도 단번에 주신 믿음의 도가 무조건 보장되는 것이나 혹은 저절로 지켜지는 것도 아니라 오히려 힘써 싸워서 지켜야 하는 대상임을 분명히 알 수 있다.

유다서는 전체적으로 배교에 대한 위험성과 믿음을 지킬 것을 경고하기 위하여 쓰인 짧고 강한 메시지의 서신서이다. 특히 20절과 21절에 기록된 "영생에 이를 때까지 믿음 위에 자기를 지켜야 한다"라는 말씀을 통해서 3절에서 언급된 "단번에 주신 믿음의 도"에 대한 오해 즉, 과거의 주어진 일회적인 믿음으로 영생이 자동적으로 보장되는 것이 아니라는 것을 분명하게 알 수 있을 것이다.

(유 1:20-21) "사랑하는 자들아 너희는 너희의 지극히 거룩한 믿음 위에 자기를 건축하며 성령으로 기도하며 하나님의 사랑 안에서 자기를 지키며 영생에 이르도록 우리 주 예수그리스도의 긍휼을 기다리라"

앞서 이미 언급했지만 믿음이 부여받는 것이라면 그 믿음의 주체는 누구인가? 예정론의 시각이 아닌 상태에서는 믿음의 주체를 설명할 수 없는 논리적 모순에 빠지게 된다. 구원받기 위한 믿음은 그냥 수동적으로 얻어지는 것이 아니라 반드시 각자의 의지가 결부된 능동적이고 순종적인 믿음이어야 한다. 성경은 믿음에 관하여 "믿으라", "믿음을 지켜라", "믿음에 굳게 서라" 그리고 "인내하라"라고 분명하고 일관되게 명령하고 있음을 결코 간과해서는 안 된다. 반면 안심하라거나 걱정할 필요가 없다고 약속하신 적은 없다.

교회를 예정하셨다?

알미니안주의에 속하는 일부 소수의 교단에서는 예정의 교리를 하나님께서 개인을 예정하신 것이 아닌 교회를 예정하신 것으로 본다. 이는 예정론을 받아들이지 않는 입장에서 에베소서에 기록된 직접적인 예정의 표현의 곤란함을 피해 보려는 시도로 보이는데 에베소서가 주로 교회에 대하여 설명하고 있다는 것에 착안하여 개인이 아닌 교회의 예정으로 끼워 맞춰서 해석하려고 하는 것 같다. 이와 같은 시도는 에베소서에서는 부분적으로 적용할 수 있을지 모르나 성경에 전체적으로 나타나 있는 예정의 표현들에 적용하기에는 논리가 턱없이 빈약할 뿐만 아니라 택함의 반대의 개념인 유기(遺棄)에 관한 말씀들에는 아예 적용이 불가능하다는 문제점이 있다.

그뿐만 아니라 교회에 관해서는 '예정(predestine)했다'라는 표현을 적용하는 것은 그렇게 적절해 보이지 않는다. 오히려 교회를 '계획(plan)하셨다'는 표현이 훨씬 적합한 것 같다. 왜냐하면 예정(predestination)이란 특정한 대상의 운명 따위를 결정짓는 것을 의미하는 반면 계획(planning)이란 아직 존재하지 않는 특정 대상을 존재하도록 준비하는 것이기 때문이다. 이런 맥락에서 보면 "하나님께서 교회를 계획하셨다"라는 표현은 매우 자연스러운 반면 "하나님께서 교회를 예정하셨다"라고 하는 것은 다소 억지스럽고 인위적인 표현 같다는 느낌이 많이 든다.

한마디로 "교회의 예정"이란 성경을 억지로 풀려고 하는 시도에서 비롯된 또 하나의 오해의 산물이다.

7장

구원에 관한
다른 오해들

"사랑하는 자들아 내가 우리의 일반으로 얻은 구원을 들어 너희에게
편지하려는 뜻이 간절하던 차에 성도에게 단번에 주신 믿음의 도를
위하여 힘써 싸우라는 편지로 너희를 권하여야 할 필요를 느꼈노니"

(유 1:3)

예외의 법칙?

앞서 이미 언급했듯이 역사적으로 개신교(protestant)는 크게 두 갈래의 교리인 칼빈주의(예정론)와 알미니안주의 (자유의지론)가 서로 대립하는 양상을 보여 왔다. 그러나 최근에는 구원받음에 있어 자유 의지를 강조하면서도 동시에 예정론의 성도의 견인의 교리(거듭난 성도는 잃어지지 않는다)를 섞어서 가르치는 교파도 많이 생겨났다. 인류의 역사를 시대별로 구분하여 각각 구원의 방법이 달랐다고 믿는 세대주의(世代主意, dispensationalism) 교파가 여기에 해당하며 형제교회 및 구원을 강조하는 일부 교단이 세대주의의 교리를 따르고 있다.

그런데 기본적으로 예정론을 용납하지 않는 그들에게 있어서 받아들이기 곤란한 성경의 말씀들이 더러 있었다. 예를 들면, 사도 바울이나 구약의 몇몇 선지자들이 이미 모태에서부터 택해졌다는 말씀들이다. (갈 1:15, 시 71:6, 렘 1:5) 명백하게 예정된 것처럼 보이는 이와 같은 소수의 말씀들 때문에 그들 중 일부 교단에서는 소위 "예외의 법칙"을 적용시키기로 한다. 즉, 사도 바울과 몇몇은 예외적으로 하나님의 선택에 의하여 특별한 방법으로 거듭나게 되었다는 것이다.

또한 그들은 구약 시대에는 신약 시대와는 다르게 제사법을 통해 구원에 이를 수 있다고 가르친다. 게다가 거기에 한술 더 떠서 하나님이나 예수님을 몰랐던 시대의 사람들에겐 양심이 기준이 되어 영생에 이를 수 있었다고 가르치기도 한다. 한마디로 시대와 지역 혹은 조건과 환경에 따라 구원에 이르는 방법이 다를 수 있다고 가르치는 것이다.

성경 해석의 기본 원칙들 중 가장 중요한 것은 일관성의 원칙이다. 하나님의 말씀을 특정한 인물이나 특정한 시대에 예외로 적용하는 것은 이미 성경의 일관성에 어긋날 뿐만 아니라 하나님의 성품과도 맞지 않는다. "예외의 법칙"과 같은 주장은 인간의 제한된 사고에 성경을 끼워 맞추려고 한 노력의 산물일 뿐이다. 성경이 잘 이해되지 않는다고 해서 분명하게 선포된 말씀을 자기 선입견대로 왜곡하는 것은 그야말로 위험하기 그지없는 일이다. 그래서 성경을 근거로 이와 같은 오해를 하나씩 해결해 보고자 한다.

사도 바울의 거듭남

사도행전에 기록된 사도 바울의 회심 과정은 정말 특별한 것처럼 보인다. 그리스도인들을 핍박하던 바울(사울)이 다메섹 도상에서 예수님을 빛 가운데서 만난 후 아무것도 보지 못하게 되고 그 후 다메섹에서 아나니아라는 제자를 만나면서 눈이 뜨이고 며칠이 지난 후 즉시로 예수님을 전하게 된다. 이와 같은 바울의 특별한 체험과 극적인 변화 때문에 바울의 예외적인 거듭남의 가르침을 의심 없이 받아들이는 사람이 많은 것 같다. 많은 사람들의 생각처럼 정말 사도 바울은 일반인과는 다른 예외적이고 특별한 방법으로 거듭남을 경험했을까? 사도 바울이 거듭나는 과정을 오직 성경에 입각하여 다시 한번 살펴봄으로써 우리가 가지고 있는 잘못된 선입견 때문에 구원에 관한 일반적인 진리가 왜곡되고 있지는 않는지 살펴보자.

먼저 환상 속에서 예수님을 만난 것이 그의 예외적인 거듭남의 근거가 될 수 있는지 생각해 보자. 사도 바울이 다메섹 도상의 빛 가운데서 예수님을 만난 것은 사실이지만 이처럼 예수님과 특별한 만남을 가졌다는 것 자체는 결코 구원의 근거가 될 수 없다. 생각해 보라! 예수님께서는 3년 반 동안 특별한 방법으로 많은 사람들을 만나셨고 그들과 대화를 나누었고 또한 물 위를 걷는 등 많은 신적인 기적을 보이셨다. 하지만 빛이나 환상보다 더욱 명확한 예수님의 실체를 자기 눈으로 보며 또 신적인 기적들을 직접적으로 체험한 사람들이 모두 거듭났던 것은 아니었다. 가룟 유다도 3년 반 동안이나 예수님의 실체를 직접 눈으로 보고 함께 생활하며 또 수많은 기적들을 체험했지만 결국 구원에 이르지 못했다. 그런데 바울은 잠시 동안 빛 가운데서 나타난 예수님을 봤다는 이유만으로 특별하게 거듭났다는 것이 타당하겠는가?

그뿐만 아니라 예수님께서는 부활하신 후 엠마오로 돌아가는 두 제자들에게도 나타나신 적이 있었다. (눅 24:13-35) 그들은 변화되신 예수님과 얘기도 나누었고 식사도 같이 했다. 그들은 예수님을 본 후 바로 거듭났는가? 결코 그렇지 않다. 오히려 예수님께서는 그들이 더디 믿는 것을 알고 그들을 일부러 찾아가셨고 그들이 올바른 믿음을 갖도록 도우셨다. 그들이 올바른 믿음을 갖도록 돕기 위해 예수님께서 행하신 일이 무엇이었는지 우리는 주의 깊게 살펴보아야 한다.

> (눅 24:25-27) "가라사대 미련하고 선지자들의 말한 모든 것을 마음에 더디 믿는 자들이여 그리스도가 이런 고난을 받고 자기의 영광에 들어가야 할 것이 아니냐 하시고 이에 모세와 및 모든 선지자의 글로 시작하여 모든 성경에 쓴 바 자기에 관한 것을 자세히 설명하시니라"

그들이 올바른 믿음을 가질 수 있도록 예수님께서 그들에게 행하셨던 일은 당신의 부활하신 몸을 보이셨던 그 행위 자체가 아니었다. 예수님께서 취하신 행동은, 많은 사람들의 기대와는 달라 실망할지 모르지만, 다름 아닌 바로 성경을 설명해 주시는 것이었다. 예수님의 설명을 통해 그들이 올바른 믿음을 갖게 되었는지 아니면 또 다른 시간들이 필요했는지 성경은 구체적으로 다루고 있지 않지만 분명한 것은 그들은 부활하신 예수님을 만났을 때에도 더 디 믿는 상태였다는 것과 예수님께서는 그들의 믿음을 돕기 위해 다름 아닌 성경을 사용하셨다는 것이다.

또한 회개를 이루기 위한 전도의 매개체가 기적의 체험이 아닌 오직 말씀(성경)이라는 사실은 부자와 나사로의 비유에서 하신 예수님의 말씀과도 정확히 일치한다.

> (눅 16:30-31) "가로되 그렇지 아니하니이다 아버지 아브라함이여 만일 죽은 자에게서 저희에게 가는 자가 있으면 회개하리이다. 가로되 모세와 선지자들에게 듣지 아니하면 비록 죽은 자 가운데서 살아나는 자가 있을지라도 권함을 받지 아니하리라 하였다 하시니라"

따라서 사도 바울이 말씀을 통한 전도의 과정이 없이 빛 가운데서 부활하신 예수님과의 만남을 통해 거듭났다고 하는 것은 성경의 일관된 가르침과 다르다.

성경에는 초자연적인 기적이나 환상 등을 통해 저절로 믿음(깨달음이 아닌)을 갖게 된 사례는 없다. 애굽의 바로도 모세를 통한 많은 하나님의 기적을 보았음에도 불구하고 스스로 마음을 강퍅케 함으로 하나님을 대적했고 발람도 자기 입을 통해서 성령이 역사하심을 체험하고도 재리의 욕망 때문에 스스로 사단의 도구가 되었다. 혹시 니느웨 사람들은 요나의 기적을 보고 회개했다고 말하고 싶은가? 요나가 니느웨 사람들에게 표적이 된 것은 성경이 입증하고 있는 분명한 사실이지만(눅 11:29-30) 그들이 회개할 수 있었던 것은 요나의 표적 때문이 아니라 요나의 전도 때문이었다는 것이 예수님의 증언이다. (마 12:41) 기적이나 환상 등을 통하여 하나님께서는 인간들이 진리를 찾고 회개에 이를 수 있도록 돕고 계실 뿐이며 인간을 배려한 이러한 초자연적인 사역 자체가 그들의 회개나 믿음 혹은 구원을 자동적으로 보장해 주는 것은 결코 아니다.

바울의 회심 사건을 소개하고 있는 사도행전 9장에 연이어 사도행전 10장에서는 이달리야대 백부장인 고넬료 가정의 회심 사건이 소개되고 있다. 이 두 사건을 비교해 보면 두 사람의 회심 과정이 매우 비슷하다는 것을 알 수 있을 것이다.

고넬료	바울
하나님에 대한 경외심(행 10:2)	하나님에 대한 열심(갈 1:14)
천사의 환상과 메시지(행 10:6) "…그의 집은 바닷가에 있느니라. 네가 마땅히 해야 할 일을 그가 네게 말하여 주리라, 하더라." (KJV, 킹흠)	예수님 환상과 메시지(행 9:6) "…주께서 그에게 이르시되, 일어나 도시로 들어가라. 그러면 네가 반드시 해야 할 일을 듣게 되리라, 하시니라."
베드로의 전도(행 10:34-43)	아나니아의 전도(행 22:13-16)

고넬료도 바울처럼 거듭남에 이르기 전에 천사의 환상을 보게 되는 특별한 체험을 하게 된다. 하지만 고넬료가 환상을 통해 거듭났다고 말하는 사람은 아무도 없다. 왜냐면 그의 거듭남은 천사의 환상을 통해 이루어진 것이 아니라 천사의 인도를 통해 만나게 된 베드로의 전도를 통해 이루어진 것이라는 사실이 너무나도 분명하기 때문이다. 고넬료는 환상을 통해 한 전도자에게 인도되었을 뿐이고 그 인도함을 따른 후 베드로를 만나서 말씀을 듣고 믿고 거듭나게 된 것이다. 사도 바울도 마찬가지였다. 그도 예수님과의 초자연적인 만남을 통해 한 전도자에게 인도되었고 그 후 아나니아를 통해 말씀을 듣고 거듭나게 된 것이지 예수님과의 특별한 만남 자체가 그의 거듭남의 근거가 될 수 없다.

그러면 아나니아의 전도를 통해 바울이 거듭나게 되었다는 것은 어떻게 알 수 있을까?

> (행 22:16) "이제는 왜 주저하느뇨 일어나 주의 이름을 불러 세례를 받고 너의 죄를 씻으라 하더라"

바울이 환상을 통해 이미 거듭난 상태였다면 그에게 다시 죄사함을 받으라고 권할 필요가 없었다. 큰 경험을 하게 된 바울이 여전히 죄사함을 깨닫지 못하고 있었는지 혹은 아나니아를 통해서 이미 복음을 듣고 깨달았으나 여전히 주저하고 있었는지는 알 수 없으나 예수님을 주님으로 믿고 세례를 받기 위해서는 전도자 아나니아의 전도가 필요했다는 것은 분명하다.

고린도전서 15장 3절에서도 바울은 자기가 받은 것을 고린도의 성도들에게 전하였다고 했는데 바울이 그들에게 전한 것이 다름 아닌 복음이라는 사실을 통해서 그가 먼저 받은 것이 예외적인 체험이 아닌 일반의 복음이었음을 입증해 준다고 할 수 있다.

> (고전 15:1-3) "형제들아 내가 너희에게 전한 복음을 너희로 알게 하노니 이는 너희가 받은 것이요 … 내가 받은 것을 먼저 너희에게 전하였노니 이는 성경대로 그리스도께서 우리 죄를 위하여 죽으시고"

또한 아나니아와의 대화 후에 비로소 눈꺼풀이 떨어진 것을 통해 그의 거듭남을 암시적으로 알 수 있다. 아래의 구절들은 예수님께서 하신 말씀들인데 특히 사도행전 26장 18절의 말씀은 빛 가운데 바울(사울)에게 나타나신 예수님께서 그의 눈을 어둡게 하시면서 하신 말씀이다.

> (요 9:39) "예수께서 가라사대 내가 심판하러 이 세상에 왔으니 보지 못하는 자들은 보게 하고 보는 자들은 소경 되게 하려 함이라 하시니"

> (행 26:18) "그 눈을 뜨게 하여 어두움에서 빛으로, 사단의 권세에서 하나님께로 돌아가게 하고 죄사함과 나를 믿어 거룩케 된 무리 가운데서 기업을 얻게 하리라 하더이다"

일반적으로 성경에서 소경이 되는 것은 죄인 됨의 상징이다. 그리고 눈을 뜨는 것은 거듭남의 모형이다. 그런데 예수님의 환상을 보고 바로 거듭났다면 왜 그를 장님으로 만드셨는가? 오히려 유대인으로서의 자부심과 남다른 종교심으로 인해 스스로 의롭다고 생각하고 있는 바울에게 그는 아직 장님과 같은 죄인에 불과하다는 것을 일깨워 주기 위함이 아니겠는가?

그렇다면 그가 갈라디아서에 기록한 "모태로부터 택함을 받았다"라는 말씀은 어떻게 이해해야 할까?

> (갈 1:15) "그러나 내 어머니의 태로부터 나를 택정하시고 은혜로 나를 부르신 이가"

바울은 자신의 구원뿐만 아니라 다른 사람들의 구원에 있어서도 예정의 표현을 많이 사용했다. (살후 2:13, 딤후 2:10, 딛 1:1) 본인의 구원이 남들과 다르게 특별하다고 말하고 싶은 것이 아니라 자신의 구원을 예정으로 표현함으로써 전지전능하신 하나님의 계획 가운데 이루어진 것임을 나타내고자 했던 것이다. 에베소서에서도 이런 예정의 표현들을 반복해서 만날 수 있는데 이 역시 우리의 거듭남이 전도의 노력을 열심히 해서 얻은 결과이기 전에 하나님의 택하심에 의한 것이라고 말함으로써 하나님께 영광을 돌리는 것이 핵심이다. (엡 1:4-6, 9-12, 3:7-8)

바울은 거듭나기 위해서는 믿어야 하고, 믿기 위해서는 들어야 하고, 듣기 위해서는 보내심을 받은 전도자가 있어야 한다고 직접 가르쳤던 사람이다. (롬 10:14-17) 그리고 거듭남이 오직 하나님의 말씀을 통해서만 가능하다는 것은 성경 전체의 일관된 가르침이다. 이와 같은 복음의 핵심적인 진리에 있어서는 상황이나 여건에 따른 변함도 양보도 예외도 있을 수 없다.

> (롬 10:17) "그러므로 믿음은 들음에서 나며 들음은 그리스도의 말씀으로 말미암았느니라"

> (벧전 1:23) "너희가 거듭난 것이 썩어질 씨로 된 것이 아니요 썩지 아니할 씨로 된 것이니 하나님의 살아 있고 항상 있는 말씀으로 되었느니라"

그뿐만 아니라 바울은 믿음으로 영생 얻는 사람들의 본이 되었다고 스스로 증거했다.

> (딤전 1:15-16) "죄인 중에 괴수였던 본인이 예수 그리스도의 오래 참으심으로 긍휼을 입게 되었고 후에 주를 믿어 영생을 얻는 자들에게 본(Pattern)이 되도록 하셨다."

특별한 방법으로 구원받은 사람이 일반적으로 구원받은 사람의 본이 될 수 없다. 후에 주를 믿어 영생을 얻는 자들에게 본이 되었다는 것은 본인도 동일한 패턴으로 영생을 얻었다는 확실한 증거이다.

바울의 거듭남에 관하여 올바른 이해가 필요한 이유는 다음과 같다.

첫째, 하나님의 성품에 대한 신뢰를 위해서이다. 성경의 인물 중, 일부의 사람들에게 특별한 예외의 규정을 두는 것 자체가 모두에게 공평하시고 편애가 없으신 하나님의 성품에 어긋난다. 하나님께서 자기 마음대로 하실 수 없다는 뜻이 결코 아니다. 이는 하나님의 전능하신 능력에 관한 문제가 아니라 그의 공의로운 성품에 관한 문제이다. 하나님에 대한 올바른 지식이 올바른 구원에 이르게 할 수 있는 기초임을 생각한다면 바울의 거듭남의 과정 역시 올바로 인식되고 또 올바르게 가르쳐져야 한다.

둘째, 일반의 구원(common salvation)에 대한 신뢰를 위해서이다. 거듭남의 방법이 경우에 따라서 바뀔 수 있거나 예외가 있을 수 있다면 이는 또 다른 문제를 야기할 수 있다. 가령 바울의 거듭남을 예수님의 환상을 통한 예외적인 방법으로 가르칠 경우, 전도하기 어려운 대상을 만났을 때, 어떤 이들은 바울과 같이 특별한 체험을 통해서라도 거듭날 수 있도록 하나님께 간구할 수도 있기 때문이다. 우리가 배운 구원의 방법은 변함도 없고 차별도 없는 유일한 길임을 확신하고 있어야 타인을 전도함에 있어서도 상황과 여건에 타협하지 않고 전도 대상을 올바르게 인도할 수 있다.

예수님의 친동생인 사도 유다는 우리가 얻은 구원이 일반으로 얻은 구원(common salvation)이라고 말하고 있다.

(유 1:3) "사랑하는 자들아 내가 우리의 <u>일반으로 얻은 구원</u>을 들어 너희에게 편지하려는 뜻이 간절하던 차에 성도에게 단번에 주신 믿음의 도를 위하여 힘써 싸우라는 편지로 너희를 권하여야 할 필요를 느꼈노니"

일반으로 얻은 구원이란 상황이나 사람에 따라 달라지는 것이 아닌 누구에게나 동일한 방법으로 얻을 수 있는 구원을 의미할 것이다. 이 글을 읽는 사람 중에 성경에서 제시하지 않은 남다르게 특별한 방법으로 구원을 받은 사람이 있는가? 바울은 예외인가? 예외라면 그가 예외가 되어야 하는 이유는 무엇인가? 예외가 될 정도라면 성경에는 그의 예외적인 거듭남에 대한 어떤 암시나 예언이라도 있었는가? 바울도 우리가 받은 것처럼 일반의 구원을 받은 것이 틀림없다.

또 사도 바울은 스스로 의롭게 되는 것은 모든 사람에게 차별이 없이 믿음으로 가능하다고 역설하고 있다.

(롬 3:22) "곧 예수 그리스도를 믿음으로 말미암아 모든 믿는 자에게 미치는 하나님의 의니 차별이 없느니라"

물론 믿기 위해서는 들음과 그리스도의 말씀이 필요한 것은 당연한 이치이다. 바울도 역시 다른 사람들과 차별 없이 말씀을 통해 전도되었고 믿음으로 거듭나게 된 것이 틀림없다. 다소 생소해 보이고 특별해 보이는 성경상의 부분적인 사건들로 인해 스스로 현혹되어 성경 전체가 일관되게 말하고 있는 거듭남에 관한 핵심적인 교리를 흔들리게 해서는 안 된다. 사도 바울의 거듭나는 과정을 성경이 한 번도 허락한 적이 없는 예외 사건으로 규정하는 것은 성경을 편리하게 자의적으로 해석하려는 분별력 없는 시도일 뿐이다.

루디아의 열려진 마음

(행 16:14) "두아디라 성의 자주 장사로서 하나님을 공경하는
루디아라 하는 한 여자가 들었는데 주께서 그 마음을 열어
바울의 말을 청종하게 하신지라"

칼빈주의자들은 루디아가 거듭나는 과정이 전형적인 예정론적 거듭남의 예라고 믿는다. 왜냐면 위의 구절을 보면 마치 루디아의 의지와 상관없이 주께서 일방적으로 그녀의 마음을 여셔서 전도자인 바울의 말을 청종하게 했다고 표현되었기 때문이다. 또 세대주의에 속하는 일부 교파에서는 하나님의 주권적 은혜도 필요하고 믿으려는 자유 의지도 필요하다고 다소 애매하게 가르친다. 여기에 덧붙여 "인간이 의지가 있다고 하더라도 믿음이 생기는 것이 아니며 하나님께서 믿게 해 주셔야 믿음이 생긴다"라며 다소 신비주의적으로 가르치기도 한다. 이러한 명확하지 못한 애매한 가르침 때문에 거듭남의 확신을 가지지 못하고 고통의 눈물을 흘리고 있는 사람들을 여러 번 만난 적이 있다. 루디아의 마음이 열려진 것은 과연 어떤 의미인지 알아보자.

본 절에서 가장 먼저 주목해야 할 내용은 주께서 루디아의 마음을 여셨던 목적이다. 주께서 마음을 열어 "청종하게" 하셨다고 기록되어 있으므로 그 이유는 바로 청종케 하기 위함이었다. 많은 사람

들이 오해하는 것처럼 마음을 열어 "믿게" 하신 것이 아니다. 한글로 번역된 "청종하다"의 원어는 "προσεχειν"으로서 영어로는 attend 혹은 heed의 의미이다. 마음을 열어 청종하게 하신 것은 루디아에게도 역사하셨던 성령의 일반적인 사역으로서 그녀가 잘 듣도록 도우셨다는 의미이지, 루디아의 의지와 상관없이 억지로 믿게 하셨다는 의미가 결코 아니라는 점을 먼저 염두에 두어야 한다.

그리고 그녀가 청종하도록 도우신 이유는 인간에겐 스스로 하나님을 찾거나 회개에 이를 수 있는 능력이나 마음이 없기 때문이다. 한마디로 외부의 도움이 없이는 모두 지옥행인 것이다.

> (롬 3:10-12) "기록한바 의인은 없나니 하나도 없으며 깨닫는 자도 없고 하나님을 찾는 자도 없고 다 치우쳐 한가지로 무익하게 되고 선을 행하는 자는 없나니 하나도 없도다"

그래서 타락한 인간들이 회개할 수 있도록 돕는 분이 바로 성령이시다. 사람들이 지혜를 깨닫고 회개에 이를 수 있도록 돕고 계시는 성령의 일반적인 사역에 관한 아래의 말씀을 보라.

> (잠 1:20-23) "지혜가 길거리에서 부르며 광장에서 소리를 높이며 훤화하는 길 머리에서 소리를 지르며 성문 어귀와 성중에서 그 소리를 발하여 가로되 너희 어리석은 자들은 어리석음을 좋아하며 거만한 자들은 거만을 기뻐하며 미련한 자들은 지식을 미워하니 어느 때까지 하겠느냐 나의 책망을 듣고 돌이키라 보라 내가 나의 신을 너희에게 부어 주며 나의 말을

너희에게 보이리라"

이와 같이 성령의 도움이 없이는 아무도 스스로 회개에 이를 수 없으며 루디아도 마찬가지였다. 사도 바울의 설교를 통해 루디아가 회개에 이를 수 있도록 성령께서 도우신 것이다. 기도처를 찾을 만큼 하나님을 공경했던(행 16:13-14) 루디아에게도 성령께서 역사하셨고 루디아는 바울의 설교 속에 역사하셨던 그 성령의 음성을 거스르지 않고 올바르게 반응한 것이다.

그러나 기억해야 할 것은 성령은 인간의 자유 의지에 의하여 거슬러질 수 있다는 것이다. 인간이 회개에 이를 수 있도록 믿음에 이를 수 있도록 성령께서는 어디까지나 돕는 분이시지 그가 강제로 믿게 하신 것은 아니다.

> (행 7:51) "목이 곧고 마음과 귀에 할례를 받지 못한 사람들아 너희가 항상 성령을 거스려 너희 조상과 같이 너희도 하는도다"

> (롬 2: 4-5) "이런 일을 행하는 자를 판단하고도 같은 일을 행하는 사람아 네가 하나님의 판단을 피할 줄로 생각하느냐 혹 네가 하나님의 인자하심이 너를 인도하여 회개케 하심을 알지 못하여 그의 인자하심과 용납하심과 길이 참으심의 풍성함을 멸시하느뇨. 다만 네 고집과 회개치 아니한 마음을 따라 진노의날 곧 하나님의 의로우신 판단이 나타나는 그날에 임할 진노를 네게 쌓는도다"

(고후 6:2) "가라사대 내가 은혜 베풀 때에 너를 듣고 구원의 날에 너를 도왔다 하셨으니 보라 지금은 은혜받을 만한 때요 보라 지금은 구원의 날이로다"

또한 앞서 2장에서 설명한 대로 깨달음과 구원에 이르는 믿음은 서로 다른데 깨달음이 곧 구원을 얻는 믿음이라고 여기는 사람들이 루디아의 깨달음(마음의 열림)을 곧 그녀의 거듭남으로 여기는 오류를 범하고 있는 것이다. 심지어 어떤 이들은 믿음은 본인의 의지로 되는 것이 아니라 루디아처럼 하나님께서 믿음을 주셔야 거듭날 수 있다며 구원받음의 과정을 마치 뜬구름 잡는 것처럼 가르치기도 한다.

만일 본인의 의지로 믿음을 가질 수 없다면, 더욱이 거듭날 수 있는 믿음이 각자의 의지와 상관없이 하나님의 선택에 의하여 주어진다면 문밖에서 우리의 마음 문을 두드리신다는 예수님의 말씀은 어떻게 적용해야 하는가?

(계 3:20) "볼지어다 내가 문 밖에 서서 두드리노니 누구든지 내 음성을 듣고 문을 열면 내가 그에게로 들어가 그로 더불어 먹고 그는 나로 더불어 먹으리라"

"나를 간절히 찾고 찾는 자가 찾을 것이요…", "찾으라, 구하라, 두드리라" 이와 같은 말씀들을 통해 성경은 일관되게 우리가 하나님을 찾으려고 하고 또 믿으려고 해야 한다고 말하고 있다. 인간 스스로는 불가능하기 때문에 성령(돕는 자)을 통해서 인도해 주시면서 우리의 마음을 강퍅케만 하지 말라는 것이다. 순응만 한다면 누구든지 성령의 능력과 인도하심으로 회개에 이를 수 있다. 루디아도 성령의 도우심과 인도하심으로 깨닫게 된 것일 뿐이지 본인의 의지와 상관없이 저절로 믿게 된 것이 아니다.

성령의 인도하심을 받고 그분의 음성을 들은 후에는 인간에게 책임이 따른다. 순응할 것인가 아니면 마음을 강퍅케 하여 거부할 것인가. 지금 이 순간에도 성령께서는 온 세상 사람들의 마음을 여시려고 쉬지 않고 일하고 계신다.

(히 3:15) "성경에 일렀으되 오늘날 너희가 그의 음성을 듣거든 노하심을 격동할 때와 같이 너희 마음을 강퍅케 하지 말라 하였으니"

오순절 성령 강림에 대한 오해

(요 7:38-39) "나를 믿는 자는 성경에 이름과 같이 그 배에서 생수의 강이 흘러나리라 하시니 이는 그를 믿는 자의 받을 성령을 가리켜 말씀하신 것이라 (예수께서 아직 영광을 받지 못하신 고로 성령이 아직 저희에게 계시지 아니하시더라)"

(요 14:16) "내가 아버지께 구하겠으니 그가 또 다른 보혜사를 너희에게 주사 영원토록 너희와 함께 있게 하시리니"

위에 소개된 두 구절은 모두 예수님께서 약속하신 오순절의 성령 강림에 대한 약속의 말씀들이다. 그런데 시대별로 구원의 방법이 다르다고 가르치는 세대주의자들은 위의 말씀들이 시대를 구분하는 중요한 기준이 된다고 가르친다. 그들은 위의 말씀을 잘못 해석하여 오순절의 성령 강림 사건에 대해서도 크게 오해를 하고 있는데 그들은 오순절 성령 강림 전에는 거듭날 때 내주하시는 성령이 없었다고 하거나 혹은 요한복음 14장 16절과 연결해서 오순절 이전의 성령은 언제든지 다시 떠날 수 있었던 성령으로, 그리고 오순절 이후의 성령은 한 번 들어오면 영원히 떠나지 않는 성령으로 각각의 성령에 차이를 두어 해석하기도 한다. 이러한 오해 때문에 결국 오순절 전에는 온전히 거듭날 수 있는 사람이 없었다고도 하고 또 예수님의 제자들의 거듭난 시점을 오순절 성령 강림의 시점에 억지로 맞추는 해프닝이 벌어지기도 한다. 그러나 성령을 통한 거듭남은 오순절의 성령 강림 이전에도 항상 있어 왔고 성경은 오순절 전과 후의 성령의 차이에 대해서 한 번도 언급한 적이 없다. 어떤 부분에서 오해가 생긴 것일까? 성경의 말씀들을 통하여 바로 잡도록 하자.

우선 성령은 인격이심과 동시에 항상 능력으로도 역사하셨음을 성경 전체를 통해 알 수 있다. 간혹 구약 시대의 사울 왕에게 역사했던 성령이 떠나간 것(삼상 16:14)에 대하여 오해하는 사람들이 있는데 이는 거듭날 때 일어나는 성령의 내주에 관한 것이 아니라 성령의 권능(power)에 관한 말씀이다. 준수한 외모와는 달리 왕으로서의 권위나 능력을 찾아볼 수 없었던 그에게 하나님께서는 성령(여호와의 신)을 허락하셔서 크게 사용하셨지만 그의 불순종으로 말미암아 하나님께서는 그의 왕위를 폐하기로 하시고 성령을 다시 취해 가신 것이다. 성경상에서 사울 왕에게 임했던 성령은 시종일관 성령의 권능임을 기억해야 한다. (삼상 10:10, 11:6, 19:20, 23)

이처럼 오순절에 임하셨던 성령의 사역도 권능의 사역 혹은 능력의 사역으로서 거듭날 때 내주하시는 성령의 사역과는 달랐다.

(눅 24:49) "볼지어다 내가 내 아버지의 약속하신 것을 너희에게 보내리니 너희는 위로부터 능력을 입히울 때까지 이 성에 유하라 하시니라"

(행 1:4-8) "사도와 같이 모이사 저희에게 분부하여 가라사대 예루살렘을 떠나지 말고 내게 들은바 아버지의 <u>약속하신 것</u><u>을 기다리라</u> 요한은 물로 세례를 베풀었으나 너희는 몇 날이 못 되어 성령으로 세례를 받으리라 하셨느니라 저희가 모였을 때에 예수께 묻자와 가로되 주께서 이스라엘 나라를 회복하심이 이때니이까 하니 가라사대 때와 기한은 아버지께서 자기의 권한에 두셨으니 너희의 알 바 아니요 오직 성령이 너희에게 임하시면 너희가 권능을 받고 예루살렘과 온 유대와 사마리아와 땅끝까지 이르러 내 증인이 되리라 하시니라"

(행 2:1-4) "오순절 날이 이미 이르매 저희가 다 같이 한 곳에 모였더니 홀연히 하늘로부터 급하고 강한 바람 같은 소리가 있어 저희 앉은 온 집에 가득하며 불의 혀 같이 갈라지는 것이 저희에게 보여 각 사람 위에 임하여 있더니 저희가 다 성령의 충만함을 받고 성령이 말하게 하심을 따라 다른 방언으로 말하기를 시작하니라"

위의 구절들에서 알 수 있듯이 예수님께서 제자들에게 약속하셨던 성령 강림의 약속은 거듭날 때 임하시는 성령의 내주를 말씀하시는 것이 아니라 권능의 성령으로 세례를 받는 것이었음을 알 수 있다. 예수님께서 제자들과 함께 계셨을 때는 주로 예수님을 중심으로 권능의 역사가 일어나서 복음이 전파되곤 했었지만 예수님께서 떠나신 후엔 성령께서 직접 그들에게 임하셔서 그들 가운데 다시 권능의 역사가 일어나게 하셔서 땅끝까지 그리스도의 증인이 되게 하신 것이다. 예수님께서 떠나신 후 교회들을 통하여 증거되는 말씀들에 권위를 부여하고 사람들로 하여금 믿게 하기 위해서는 성령 세례를 통한 권능과 표적이 필요했다.

(막 16:20) "제자들이 나가 두루 전파할 새 주께서 함께 역사하사 그 따르는 표적으로 말씀을 확실히 증거하시니라"

(행 1:8) "오직 성령이 너희에게 임하시면 너희가 권능을 받고 예루살렘과 온 유대와 사마리아와 땅끝까지 이르러 내 증인이 되리라 하시니라"

또한 오순절에 강림했던 성령의 역사는 예수님의 약속의 실현이기 이전에 요엘 선지자의 예언의 성취임을 기억해야 한다.

(행 2:14-21) "베드로가 열한 사도와 같이 서서 소리를 높여 가로되 유대인들과 예루살렘에 사는 모든 사람들아 … 때가 제 삼시니 너희 생각과 같이 이 사람들이 취한 것이 아니라 이는 곧 선지자 요엘로 말씀하신 것이니 일렀으되 하나님이 가라사대 말세에 내가 내 영으로 모든 육체에게 부어주리니 너희의 자녀들은 예언할 것이요 너희의 젊은이들은 환상을 보고 너희의 늙은이들은 꿈을 꾸리라 그때에 내가 내 영으로 내 남종과 여종들에게 부어주리니 저희가 예언할 것이요 또 내가 위로 하늘에서는 기사와 아래로 땅에서는 징조를 베풀리니 곧 피와 불과 연기로 다 주의 크고 영화로운 날이 이르기 전에 해가 변하여 어두워지고 달이 변하여 피가 되리라 누구든지 주의 이름을 부르는 자는 구원을 얻으리라 하였느니라"

위의 구절은 오순절 날, 예루살렘에 모여들었던 각국의 유대인들 앞에서 제자들에게 갑작스럽게 발생한 방언의 기적에 대한 베드로의 증언으로서 그는 요엘 2장 28~32절을 인용하며 요엘의 예언이 실현되었다고 증거하고 있다. 그런데 선지자 요엘이 예언했던 훗날 만민에게 부어 주실 성령은 장차 나타날 여러 가지의 권능 즉, 기적들에 대한 소스(source)로 소개되고 있을 뿐이고 거듭날 때 내주하시는 성령에 관해서는 언급이 없다. 한마디로 예수님께서 약속하셨던 성령과 선지자 요엘이 예언했던 성령은 모두 오순절에 임할 성령 세례에 대한 것으로서 권능의 성령을 가리키는 것이지, 개인이 거듭날 때 내주하시는 성령의 역사를 의미하는 것이 아니라는 것을 알 수 있다.

또한 사도행전 2장의 베드로의 설교는 그가 성령을 받고서 비로소 거듭나게 된 사람으로서 간증을 한 것이 아니라 이미 거듭나서 주님의 일군이 된 베드로가 성령의 능력을 받고 예수님을 주와 그리스도로 증거하는 설교를 담대하게 시작했다는 점에 주목해야 한다. 아래의 말씀들을 통하여 베드로를 비롯한 많은 제자들이 이미 오순절 이전에 예수님의 말씀들을 통해 예수님을 믿고 있었다는 것과 거듭난 상태였다는 것을 알 수 있다.

> (눅 10:20) "그러나 귀신들이 너희에게 항복하는 것으로 기뻐하지 말고 너희 이름이 하늘에 기록된 것으로 기뻐하라 하시니라"

(요 6:64) "그러나 너희 중에 믿지 아니하는 자들이 있느니라 하시니 이는 예수께서 믿지 아니하는 자들이 누구며 자기를 팔 자가 누군지 처음부터 아심이러라"

(요 13:10) "예수께서 가라사대 이미 목욕한 자는 발밖에 씻을 필요가 없느니라 온몸이 깨끗하니라 너희가 깨끗하나 다는 아니니라 하시니"

(요 15:3) "너희는 내가 일러 준 말로 이미 깨끗하였으니"

   그리고 여기 오순절 이전에 이미 거듭났을 것으로 보이는 또 다른 많은 사람들이 있다. 세례 요한의 부모인 스가랴와 엘리사벳 또 시므온과 여선지자 안나 등 이미 예수님이 갓난아이였을 때, 죄사함과 그리스도에 대하여 알고 믿었던 사람들이 있었고 십자가상의 한 강도는 오순절의 성령 강림과 상관없이 이미 거듭난 것이 분명하다. (눅 23:43)

(눅 2:25) "예루살렘에 시므온이라 하는 사람이 있으니 이 사람이 의롭고 경건하여 이스라엘의 위로를 기다리는 자라 성령이 그 위에 계시더라"

(눅 2:36-38) "또 아셀 지파 바누엘의 딸 안나라 하는 선지자가 있어 나이 매우 늙었더라 그가 출가한 후 일곱 해 동안 남편과 함께 살다가 과부 된 지 팔십사 년이라 이 사람이 성전을 떠나지 아니하고 주야에 금식하며 기도함으로 섬기더니

마침 이때에 나아와서 하나님께 감사하고 예루살렘의 구속됨을 바라는 모든 사람에게 이 아기에 대하여 말하니라"

그뿐만 아니라 성경은 구약의 선지자들에게도 그리스도의 영이 내주했었다고 분명히 말하고 있다.

(벧전 1:10-11) "이 구원에 대하여는 너희에게 임할 은혜를 예언하던 선지자들이 연구하고 부지런히 살펴서 자기 속에 계신 그리스도의 영이 그 받으실 고난과 후에 얻으실 영광을 미리 증거하여 어느 시, 어떠한 때를 지시하시는지 상고하니라"

이와 같이 오순절의 성령 강림 사건의 이전에도 거듭난 사람들이 많이 있었다는 사실은 오순절 이전에도 거듭남에 있어서 성령이 동일하게 역사해 왔었다는 얘기가 된다. 따라서 요한복음 7장 39절이 말하고 있는 성령은 거듭날 때 개인에게 내주하시는 성령을 의미하는 것이 아니라는 것을 알 수 있다. 그리고 요한복음 14장 16절에서 예수님께서 말씀하신 성령도 거듭날 때 개인에게 내주하시는 성령이 아닌 교회에게 임할 성령을 의미하는 것으로서 예수님께서는 제자들을 떠나야 하셨지만 성령이 대신하여 항상 제자들 즉 교회와 함께하실 것을 의미하는 것이다. 선한 사마리아인의 비유에서 주막에 강도 만난 자를 두고 다시 오겠다는 말을 남기며 떠나는 선한 사마리아인이 예수님의 모습을 그리고 주막 주인이 성령의 모습을 하고 있는 것과 같다고 할 수 있다.

사실, 오순절의 성령 강림이 거듭날 때 내주하시는 성령과 구별되어야 한다는 것은 예정에 관한 다른 견해인 칼빈주의나 알미니안주의와 상관없이 양 진영에서 모두 인정하고 있는 공통된 의견이다. 그러나 주로 세대주의에 속하는 교단에서 오순절의 성령 강림의 사건을 내주하는 성령이 최초로 세상에 임한 것으로 가르치고 있으며 또 그래서 오순절을 기준으로 시대를 나눠야 한다는 주장을 견지하고 있는 것이다.

다음의 정리된 표를 통해서 거듭날 때 내주하시는 성령과 오순절 성령 세례의 분명한 차이를 직접 확인해 보기를 바란다. 그리고 많은 사람들에게 구원과 성령에 관한 오해를 일으키는 어리석은 주장이 이 글을 읽고 있는 분들에게는 더 이상 영향을 미치지 않았으면 좋겠다.

거듭날 때 내주하시는 성령	오순절의 성령 세례
시대와 상관없음	초대 교회 시대에 한시적으로 (행 1:8, 2:1)
장소와 상관없음	특정 장소에 모여야 했음 (행 1:4)
개인적 사건	단체적 사건 (행 2:1)
감지하거나 볼 수 없음	느낄 수 있고 볼 수 있음 (행 2:2-4)
타인의 안수와 상관없음	안수를 통해 임하기도 함 (행 8:17)

구약 시대의 거듭남

어떤 목사가 구약 시대엔 지속적인 제사와 순종으로 천국에 갈 수 있다고 가르치는 것을 직접 들은 적이 있다. 그도 역시 세대주의에 속한 교단의 목사였다. 과연 구약 시대의 거듭나는 방법은 신약 시대의 거듭나는 방법과 달랐을까? 결코 그렇지 않다. 성경 어디에도 구약과 신약 시대의 구원의 방법의 차이에 대하여 언급하고 있지 않다. 조금만 깊이 생각해 보면 이러한 가르침의 허점이 금방 드러난다. 이스라엘의 역사를 전체적으로 보면 모세를 통해 주어진 속죄제를 포함한 다섯 가지 제사가 온전히 드려진 시기가 많지 않았음을 알 수 있을 것이다. 엄격한 제사법의 준수 여부는 차치하더라도 이스라엘 민족의 불순종으로 인해 언약궤를 빼앗겼던 적이나 성막이나 성전이 없이 지낸 적도 많았는데 그럴 때는 어떻게 제사를 지낼 수 있었겠는가?

또한 제사와 순종으로 갈 수 있다면 이것은 하나님의 의와 은혜가 아닌 인간의 의와 노력으로 갈 수 있다는 얘기가 되므로 성경이 가르치는 가장 기본적인 진리에도 정면으로 위배되는 것으로서 이는 성경의 가르침을 근본적으로 흔드는 것이다. 제사나 옛 언약으로는 절대 의롭다 함을 얻을 수 없다는 분명하게 선포된 말씀들이 있다.

(히 8:7) "저 첫 언약이 무흠하였더면 둘째 것을 요구할 일이 없었으려니와"

(히 10:1) "율법은 장차 오는 좋은 일의 그림자요 참형상이 아니므로 해마다 늘 드리는 바 같은 제사로는 나아오는 자들을 언제든지 온전케 할 수 없느니라"

예수님의 죽음과 죄사함은 신약 시대의 사람들뿐만 아니라 구약 시대의 사람들을 위해 더 나아가 모든 인류를 위한 것이므로 시대별로 죄사함의 방법이 달라질 수 없다. 시대를 막론하고 속죄의 유일한 통로는 예수님의 피밖에 없다. 성경은 오직 이 한 길만 제시하고 있다. 아담 한 사람을 통해 온 인류가 죄인이 된 것처럼 예수님 한 분을 통해 온 인류의 죄가 사해졌다. 만약, 그분의 공로가 아닌 다른 방법이 있었다면 온 세상 죄를 다 짊어지실 이유가 없다. 시대와 여건에 따라 예수님이 아닌 다른 길이 있을 수도 있다고 가르치는 것은 성경의 가장 근본적인 가르침에 정면으로 반하는 것이다.

(요 14:6) "예수께서 가라사대 내가 곧 길이요 진리요 생명이니 나로 말미암지 않고는 아버지께로 올 자가 없느니라"

(행 4:12) "다른 이로서는 구원을 얻을 수 없나니 천하 인간에 구원을 얻을 만한 다른 이름을 우리에게 주신 일이 없음이니라 하였더라"

(롬 5:19) "한 사람의 순종치 아니함으로 많은 사람이 죄인 된 것같이 한 사람의 순종하심으로 많은 사람이 의인이 되리라"

(딤전 2:5) "하나님은 한 분이시요 또 하나님과 사람 사이에 중보도 한 분이시니 곧 사람이신 그리스도 예수라"

그뿐만 아니라 예수 그리스도를 통한 죄사함은 구약 시대의 많은 선지자들을 통해서도 증거되었다. 이는 구약 시대의 이스라엘 민족들도 오직 장차 오실 그리스도를 통해 죄사함을 받을 것을 충분히 알 수 있었다는 얘기가 된다.

(행 3:18) "그러나 하나님이 모든 선지자의 입을 의탁하사 자기의 그리스도의 해받으실 일을 미리 알게 하신 것을 이와 같이 이루셨느니라"

(행 3:22-24) "모세가 말하되 주 하나님이 너희를 위하여 너희 형제 가운데서 나 같은 선지자 하나를 세울 것이니 너희가 무엇이든지 그 모든 말씀을 들을 것이라 누구든지 그 선지자의 말을 듣지 아니하는 자는 백성 중에서 멸망 받으리라 하였고 또한 사무엘 때부터 옴으로 말한 모든 선지자도 이때를 가리켜 말하였느니라"

(롬 3:21) "이제는 율법 외에 하나님의 한 의가 나타났으니 율법과 선지자들에게 증거를 받은 것이라"

죄사함의 방법이 오직 하나였듯이 칭의의 방법도 시대와 상관없이 오직 한 가지였다. 그 유일한 칭의의 방법이 바로 믿음이다. 구약의 믿음의 선진들도 오직 믿음으로 의롭다 함을 얻었다. (히 11장) 믿음으로 의롭다고 여김을 받은 것이 시간과 공간을 초월하여 모든 사람에게 동일하고 차별이 없다는 것은 성경의 중요하고 기본적인 진리이며 이는 모든 이에게 공평하시고 편벽함이 없으신 하나님의 성품과 일치한다.

(롬 3:22) "곧 예수 그리스도를 믿음으로 말미암아 모든 믿는 자에게 미치는 하나님의 의니 차별이 없느니라"

(롬 3:27-30) "그런즉 자랑할 데가 어디뇨 있을 수가 없느니라 무슨 법으로냐 행위로냐 아니라 오직 믿음의 법으로니라 그러므로 사람이 의롭다 하심을 얻는 것은 율법의 행위에 있지 않고 믿음으로 되는 줄 우리가 인정하노라 하나님은 홀로 유대인의 하나님뿐이시뇨 또 이방인의 하나님은 아니시뇨 진실로 이방인의 하나님도 되시느니라 할례자도 믿음으로 말미암아 또는 무할례자도 믿음으로 말미암아 의롭다 하실 하나님은 한 분이시니라"

(롬 4:14) "만일 율법에 속한 자들이 후사이면 믿음은 헛것이 되고 약속은 폐하여졌느니라"

또한 예수님을 믿고 주님으로 영접함으로써 얻는 거듭나는 과정은 신앙생활을 위해서도 필수이다. 왜냐면 이 과정을 통한 거듭남이 신앙생활의 시작이기 때문이다. 만일 예수를 모르는 자들이 다른 방법으로 의롭게 될 수 있다면 그들의 신앙생활의 시작점은 어디서부터인가? 신앙생활은 반석 위에 집을 짓는 것과 같은데(고전 3:11) 그들은 그리스도가 아닌 어떤 반석 위에 집을 짓는다는 말인가?

올바른 지식이 없이는 올바른 믿음도 불가능하다. 구원에 대한 올바른 지식이 있어야 올바로 믿을 수 있다. 시간적 혹은 지리적 여건에 따라 변할 수 있는 거듭남의 가능성은 그 자체가 이미 일반의 구원에 대한 신뢰성을 많이 떨어뜨리고 있다. 하나님께서 불변하시는 것처럼 거듭남의 방법도 불변해야 온전히 신뢰할 수 있다.

(히 13:8) "예수 그리스도는 어제나 오늘이나 영원토록 동일하시니라"

알지 못하던 시대는 허물치 않으셨다?

(행 17:30) "알지 못하던 시대에는 하나님이 허물치 아니하셨거니와 이제는 어디든지 사람을 다 명하사 회개하라 하셨으니"

오랜 옛날, 오늘날처럼 기독교가 전파되지 않았던 조선 시대, 고려 시대 혹은 삼국 시대의 조상들은 어떻게 거듭날 수 있었을까? 예수님을 알지 못하던 시대의 사람들에겐 예수를 통하지 않고도 천국에 갈 수 있는 다른 길이 있었을까? 위의 말씀과 함께 로마서 2장 14절 15절을 인용하면서 복음을 들을 수 없었던 시대에는 양심의 기준에 따라 천국에 갈 수 있는 사람이 있었다고 가르치는 이도 있는데 이는 과연 성경적인 가르침인가? 결론부터 말하자면 하나님 혹은 예수님을 알 수 없었던 시대가 있었다고 말하는 것은 인간의 제한된 사고에서 나온 억측일 뿐이다. 또한 예수 외에 다른 구원의 길의 가능성을 열어 놓는 것은 성경 전체를 뒤집는 일이나 마찬가지이다. 성경을 통해 하나하나 확인해 보자.

먼저 하나님을 알 수 없었던 시대는 역사상 없었다. 온 시대를 통해 모든 사람이 하나님을 알 수 있도록 해 놓으셨다. 성경을 볼 수 없었던 사람들에게도 일반 계시(자연, 양심 등)를 통해 하나님을 계시하셨다.

(시 50:1) "전능하신 자 하나님 여호와께서 말씀하사 해 돋는 데서부터 지는 데까지 세상을 부르셨도다."

(행 14:16-17) "하나님이 지나간 세대에는 모든 족속으로 자기의 길들을 다니게 묵인하셨으나 그러나 자기를 증거하지 아니하신 것이 아니니 곧 너희에게 하늘로서 비를 내리시며 결실기를 주시는 선한 일을 하사 음식과 기쁨으로 너희 마음에 만족케 하셨느니라 하고."

(행 17:27) "이는 사람으로 하나님을 혹 더듬어 찾아 발견케 하려 하심이로되 그는 우리 각 사람에게서 멀리 떠나 계시지 아니하도다."

(롬 1:18-20) "이는 하나님을 알 만한 것이 저희 속에 보임이라 하나님께서 이를 저희에게 보이셨느니라 창세로부터 그의 보이지 아니하는 것들 곧 그의 영원하신 능력과 신성이 그 만드신 만물에 분명히 보여 알게 되나니 그러므로 저희가 핑계치 못할지니라."

그리고 하나님을 알 수 없었던 시대에 살았다는 이유로 하나님께서 허물치 아니하신 적이 있으신가? 우선 하나님을 알지 못하는 것은 지옥 형벌을 받게 되는 중요한 죄의 항목 중에 하나임을 기억해야 한다.

(습 1:5-6) "무릇 지붕에서 하늘의 일월성신에게 경배하는 자

와 경배하며 여호와께 맹세하면서 말감을 가리켜 맹세하는 자와 여호와를 배반하고 좇지 아니한 자와 여호와를 찾지도 아니하며 구하지도 아니한 자를 멸절하리라"

(살후 1:8-9) "하나님을 모르는 자들과 우리 주 예수의 복음을 복종치 않는 자들에게 형벌을 주시리니 이런 자들이 주의 얼굴과 그의 힘의 영광을 떠나 영원한 멸망의 형벌을 받으리로다"

또한 성경에는 하나님을 알지 못하고 다른 신을 섬긴 많은 이방인들에 대한 형벌의 예가 기록되어 있다. 예를 들면, 자신들의 우상을 위해 자식을 제물로 바칠 만큼 열성적으로 섬겼던 가나안 족속을 이스라엘 민족을 통해 징벌하셨다. 이방인이건 선민이건 간에 하나님을 알지 못했다는 이유로 우상이나 이방신을 섬긴 자를 용납하신 기록이 없다.

모든 사람의 구원을 바라시는 하나님께서는 시대와 장소를 막론하고 그들이 진리에 이를 수 있도록 진리의 말씀과 전도자를 준비하셨다. 예를 들면, 바알 숭배지에 사는 사르밧 과부에게도, 아람 장관 나아만에게도 그리고 요나 시대의 니느웨 사람들에게도 하나님의 사람을 만날 수 있도록 준비를 해 놓으셨다.

또한 창세 이후로 모든 세대에 유일한 구원자이신 그리스도에 대하여 계시하셨다. 첫 사람, 아담에게도 "가죽옷"을 통해 구원의 예표를 보여 주셨고 "여자의 후손"이라는 말을 통해 그리스도의 출현을 계시하셨다. 다음 세대인 아벨은 그 의미들을 깨달았고 믿음으로 받아들였다. (히 11:4) 율법이 있기 전에 살았던 아브라함도 그리스도를 보았다. (요 8:56) 이처럼 족장 시대에서부터 그리스도는 계시되었고 선민 시대에도 그리스도는 계속해서 계시된다. 모세는 그리스도를 위해 받는 능욕을 애굽의 보화보다 낫게 여겼다. (히 11:26) 그리고 다윗을 비롯한 구약의 많은 이스라엘 사람들을 통해서도 메시야 곧 기름 부음 받은 자를 통한 구원의 계획이 구체적으로 계시되었다. (시 2:2, 7, 12, 사 53:5, 렘 31:31-34, 욜 2:32)

> (롬 10:17-18) "그러므로 믿음은 들음에서 나며 들음은 그리스도의 말씀으로 말미암았느니라 그러나 내가 말하노니 저희가 듣지 아니하였느뇨 그렇지 아니하다 그 소리가 온 땅에 퍼졌고 그 말씀이 땅끝까지 이르렀도다 하였느니라"

> (골 1:23) "…이 복음은 온 천하에 전파된 바요…."

그러면 삼국 시대 그리고 고려, 조선 시대의 한반도에 살았었던 우리 조상들은 어땠을까? 사실, 성경과 하나님의 능력을 믿는다면 문제될 것이 전혀 없는데 우리의 제한된 식견으로 하나님의 전지전능하신 능력과 방법을 축소하고 있는지 모른다. 조선 시대에는 이미 선교사들이 한반도에 들어오기 시작했는데 1594년 임진왜란 때 스페인 출신 세스페데스 신부가 한반도에 온 최초의 서양 선교사로 기록되어 있다. 얼마 전에는 바티칸기록원에서 교황 요한 22세가 고려 왕에게 보낸 라틴어 서신이 발견되었는데 그 서신에는 "왕께서 고려에 있는 그리스도인들을 잘 대해 주신다는 소식을 듣고 기뻤습니다"라는 내용이 있었다고 한다. 이는 서기 1333년 로마 교황이 고려 제27대 충숙왕에게 보냈던 편지의 필사본으로서 이미 이 시대에도 한반도에는 그리스도인이 있었을 수 있다는 가능성을 보여 주고 있다.

더 앞으로 나아가 삼국 시대에도 경교(景敎)를 통해 그리스도가 전해진 흔적이 발견되었다. 경교는 중국식 명칭으로서 콘스탄티노플 교회 감독이었던 네스토리우스(Nestorius, 381-451)의 가르침을 따랐던 기독교의 일파였다. 경교는 이집트, 시리아, 페르시아를 거쳐 635년에는 중국에까지 이르렀으며 8세기에는 신라에도 영향을 끼친 것 같다. 일본 문헌인『속일본서기(續日本書紀)』에도 경교 선교사 밀리스(Millis)가 783년경 천황을 만났다는 기록이 있다. 그뿐만 아니라 1956년 경주에서 출토된 신라 시대의 유물 중에는 석제 십자가, 동제 십자가 그리고 마리아관음상 등이 발견되어 한반도까지 전파된 경교의 흔적을 확인할 수 있다. 위와 관련된 많은 자료들은 인터넷상에서 사진들과 함께 쉽게 찾아볼 수 있다.

여하튼 반드시 경교나 교황을 통해서 올바른 복음이 전해졌는지는 우리는 알 수 없다. 그러나 하나님을 찾는 사람들에게는 반드시 찾을 수 있도록 해 주신다는 것은 시대와 상관없는 불변의 진리이다. (렘 29:13, 마 7:7)

그렇다면 사도행전 17장 30절의 "알지 못하던 시대에는 허물치 아니하셨다"라는 뜻은 무엇인가? 당시 종교심이 많은 그리스 사람들에게 그리스도를 공식적으로 선포함으로써 더 이상의 하나님의 인내하심의 자비를 기대할 수 없을 것임을 경고하는 것이다. 복음을 믿게 될 경우, 복음을 전해 듣기 전까지의 과거의 허물에 대해서는 묻지 않으신다는 의미이며 하나님께서 이스라엘을 통해 구약시대부터 계시하셨던 메시야가 약속대로 나시고 죽으시고 부활하신 사건이 유대인뿐만 아니라 이방인들에게도 명확해졌으므로 회개하고 예수를 주로 믿는 것을 더 이상 미루지 말라는 뜻이다.

더군다나 일부 교파에서 주장하는 것처럼 예수님 이전 시대에나 예수님에 대해서 잘 알지 못했던 시대에는 양심이 기준이 되어 천국에 갈 수 있었다는 것은 성경 말씀을 크게 오해한 데서 비롯된 중대한 실수이다. 로마서 2장 14-15절의 요지는 양심을 통해 구원을 얻을 수 있다는 뜻이 아니라 율법이 없어도 죄를 깨닫게 해 주는 것이 우리의 양심이란 뜻이다. 즉, 유대인에게는 율법이 죄를 깨닫게 해 주는 것처럼 율법이 없는 이방인에게는 양심이 죄를 깨닫게 해 준다는 의미이다.

> (롬 2:15) "이런 이들은 그 양심이 증거가 되어 그 생각들이 서로 혹은 송사하며 혹은 변명하여 그 마음에 새긴 율법의 행위를 나타내느니라"

율법이 죄를 깨닫게 하기 위해 주신 것처럼 양심도 죄를 깨닫게 해 주기 때문에 유대인이나 헬라인(이방인)이나 죄에 대한 심판을 피할 수 없으며 율법을 부여받은 것이 이방인들에 대한 자랑거리가 되지 못함을 강조하고 있는 말씀이다.

(롬 2:12) "무릇 율법 없이 범죄한 자는 또한 율법 없이 망하고 무릇 율법이 있고 범죄한 자는 율법으로 말미암아 심판을 받으리라"

또한 의인은 없나니 하나도 없다는 말씀이(롬 3:10) 사실이라면 양심의 행위나 그 기준으로 천국에 갈 수 있는 사람은 더욱 한 사람도 있을 수 없다. 천국에 갈 수 있는 양심의 기준은 하나님께서 제시하신 적도 없고 양심의 행위로 천국에 갈 수 있는 사람이 있다면 그는 하나님의 의를 필요로 하지 않는 사람인데 이는 하나님의 뜻과 정면으로 배치된다.

천주교에서는 교황뿐 아니라 한국의 유명한 추기경도 예수가 아닌 다른 방법으로도 구원을 받을 수 있다고 선언했다. 카톨릭에서뿐만 아니라 순복음교회의 한 유명한 목사 역시 불교계를 찾아 비슷한 얘기를 했다고 한다. 한때, 복음을 힘있게 전했던 미국의 유명한 전도자인 빌리 그래함(Billy Graham) 목사도 예수가 아니더라도 구원의 길이 있을 수 있다고 얘기하는 바람에 전 세계의 많은 기독교인들에게 큰 충격과 실망을 주었다. 만약, "알지 못하던 시대"에는 예수 아닌 다른 방법의 구원이 있을 수 있다고 인정하는 사람이 있다면 앞에서 언급한 사람들과 크게 다를 바가 없다.

인간의 지혜로 하나님과 하나님의 뜻을 온전히 다 안다는 것은 불가능하다. 하지만 구원에 관해서는 성경을 통해 유일한 길을 명확하게 제시하셨기 때문에 성경에서 제시하지 않은 다른 구원의 길의 가능성을 인정하려는 것은 어리석음을 넘어서 매우 위험한 시도가 될 것이다. 인간의 제한적이고 불완전한 사고와 시각 때문에 하나님의 절대적인 진리가 상황과 여건에 따라 왜곡될 수는 없다. 과거에 누가 올바로 구원을 받았는지 우리가 모두 알 수는 없다. 하지만 "예수님 외에 다른 구원의 길은 있을 수 없다"라는 것은 결코 물러설 수 없는 진리이다.

✹

맺음말

예수님께서 십자가에서 이루신 영원한 속죄에 관한 깨달음만으로 이미 구원받았다고 믿는 것은 큰 착각이다. 또한 예수님을 믿어 거듭나게 되었더라도 "이미 구원받으니 이제 걱정할 것 없다"고 믿는 것 역시 또 다른 착각이다. 구원을 받은 것이 아니라 "구원의 약속"을 받은 것뿐이기 때문이다. 약속을 받고도 얻지 못한 사례는 성경에 허다하다. 하나님께 대한 회개와 예수님께 대한 믿음을 통해 올바로 거듭나야 하며 또 거듭난 후에도 약속 받은 구원을 이루기 위해 평강과 근신 가운데 믿음을 지키려고 노력해야 한다. 이것이 성경이 일관되게 가르치는 구원에 관한 올바른 지식이자 태도이다.

(딛 2:1) "오직 너는 바른 교훈에 합한 것을 말하여"

말씀을 올바르게 분별하여 바른 교훈(교리)에 합하게 가르치는 것은 말씀을 전하는 직분을 맡은 자에게 가장 우선적으로 요구되는 자질이자 덕목일 것이다. 구원에 관한 말씀들을 올바로 분별하고 이해하기 쉽게 정리할 수 있도록 기도 가운데 노력을 많이 기울였지만 얕은 성경적 지식으로 인해 표현도 투박하고 부족한 부분도 많이 있을 것이라고 생각한다. 여하튼 본인은 본서에 정리된 구원에 관한 내용들이 성경적이며 바른 교훈이라는 확신을 가지고 있다. 그러나 스스로 인지하지도 못하고 있을 수 있는 오류의 가능성은 항상 열어 두고 있다. 만약, 본서에서 교리적인 오류나 실수를 발견할 경우, 본인의 이메일(leebyungha70@gmail.com)이나 다른 SNS(카카오톡 ID:leebyungha70)로 알려 주기를 부탁하는 바이다. 아울러 본서의 수정사항이나 개정사항이 생길 경우, 네이버카페 (cafe.naver.com/knowright)에 업데이트 하도록 하겠다.

주 예수 그리스도의 사랑과 은혜가 이 글을 읽는 모든 이들에게 함께하길 바란다.